# Total Immersion

## The Revolutionary Way to Swim Better, Faster, and Easier

# 全浸式
# 游泳

## 更好、更快、更轻松

**Terry Laughlin  John Delves**

［美］特里·拉夫林 ［美］约翰·德尔夫斯 著 陈晓宇 译

上海文化出版社

谨以本书献给三位游泳界的绅士，他们对我的生活产生了难以估量的影响：

献给在圣约翰大学教我游泳的狄克·克莱姆佩吉（Dick Krempecki）教练，他启发我走上游泳教练之路；

献给在曼哈塞特游泳俱乐部教我游泳的比尔·厄文（Bill Irwin）教练，他让我成为懂得教学的游泳教练；

献给比尔·布默（Bill Boomer）教练，他带我认识了全新的游泳教学方式。

# 致　谢

　　1995年，我在写本书初稿的过程中，得到了很多人的帮助。约翰·德尔夫斯（John Delves）和我从1990就开始合作撰文，他从"读者的角度"帮我修改词句，让不会游泳或刚开始学游泳的人能读得更顺畅、更清楚。他是一名游泳教练能找到的最好的写作课老师。我的兄弟史蒂夫·拉夫林（Steve Laughlin）完成了本书所有的插图。本书第一版的编辑贝基·卡巴萨（Becky Cabaza）以极大的热情投入游泳和游泳类书籍的出版。再版时，在多丽丝·库伯（Doris Cooper）的指导下，整个项目得以顺利完成，凯蒂·梅尔斯（Katie Myers）则不露痕迹地提升了本书的文采。

　　我的妻子和伙伴——爱丽丝·麦克修·拉夫林（Alice McHugh Laughlin），自1974年至今一直无私地奉献着她的爱，毫无保留地支持我，陪我度过高低起伏的游泳教练生涯。她把我的生活打理得井井有条，使我可以全身心地投入到游泳的教学和写作之中。我的女儿，菲奥娜（Fiona）、凯瑞（Cari）和贝兹（Betsy），心甘情愿地同世界各地的泳者"分享"她们的父亲，无数个周末都是如此。最令我开心的是，她们也已经成为训练有素的全浸式游泳教学专家。

# 前　言

首先，让我来问你 3 个问题：

1．游泳是不是让你感觉**很棒**——身体的舒适感以及由内而外的满足感？

2．你知道什么能让你游得更好吗？你能**不假思索地**给出答案吗？

3．你在稳步提高吗？即便花了很长时间，你的游泳效率是不是更高了，对游泳的了解是不是更多了？

对于上述 3 个问题，如果你给出的答案不全是**肯定**的，如果你对游泳感到不适、沮丧或困惑，如果你曾有过糟糕的游泳学习经历，不要责怪自己，是你学习的方式甚至被引导**思考**游泳的方式出了问题。

几乎所有人——极少数"天生"的游泳健将除外——都有上述经历。问题在于，我们不是鱼或其他水生哺乳类动物，它们的身体构造完全是为了进行高效的水下运动而设计的。可以说每个人的游泳初体验都是一次濒死冒险，若尝试失败，真有可能会溺水身亡。而且之后的情况也没有变得更好。尽管游泳是一项必备的生存技能，**我们却从未接受过**

**正确的游泳训练**。传统的教学（比如红十字会指南）只是教我们不被淹死，却没有让我们效仿鱼的游泳技巧。如果继续读下去，相信你会拥有全新的游泳体验。

## 全浸式如何彻底改变游泳

1996年，本书第一次出版。虽然没有大张旗鼓地进行宣传，但在短短的几个月内，这本书成为游泳类畅销书。为什么？因为每一位读者在读到这本书后都开始游得更好，游泳给他们带来了更多乐趣，全浸式游泳的效果可以说是立竿见影的。他们终于掌握了游泳的关键技术，并且第一次感受到了持续的进步。过去6年里，我收到上千份读者反馈，都表达了同样的感受："谢谢你**以一种合理的方式**教授游泳，游泳因此成为一项真正有趣的活动。"

这些反馈给我带来了巨大的满足感，因为我的初衷就是改进游泳的方法，让每个人都能够理解并掌握它。再者，在练习自己的教学内容的过程中，我实现了自我涅槃，**每游一趟我都能感受到幸福**。我不是一个有天赋的运动员，因此更加确信，畅游的快乐不仅仅属于少数天生的游泳健将，每个人都有机会去感受。我作为教练的使命，就是把这一快乐尽己所能传递给更多人。

各类泳者对全浸式的热情——从新手到全国冠军（教练们也不例外），证明了它是**成功**的！不管是3岁的幼儿、43岁的壮年还是73岁的老人，不管你之前是旱鸭子还是屡破游泳纪录的高手，全浸式都能让你变成游泳健将，或者比现在游得更好。

近年来，全浸式游泳成了一股"风潮"。几乎每一位经由各种渠道接触此法的游泳爱好者，不管是阅读此书、加入全浸式培训班还是仅观看了一位采用全浸式的泳者在水池中来回滑行，他们都认同标题中的那句话——这种方式是"变革性"的。纽约布鲁克林的丹·谢弗（Dan Schaffer）在最近的来信中写道，在第一次全浸式游泳教学结束后，他的学生依旧兴致不减，这使他相信"在今后的50年里，如果有人撰写游泳历史，你的书必然占有一席之地，可以说是游泳变革的主要推手"。

全浸式游泳训练，是前所未有的教学方式，我们可以称之为"鱼式游泳"，而通常的游泳教学则是"人类游泳"。传统的教练主要关注划水、打腿等动作，用肌肉力量在水中穿行，让你一趟又一趟地游个没完，甚至还要去适应越游越需要游更多趟的煎熬——这只能说明人类游泳的方法完全是在浪费时间。全浸式教练可以使你平衡、顺滑且流畅地把在水中的时间变成审慎的练习，把高效的动作变成牢固的习惯。

下面是全浸式带来的全新游泳体验。

• 你会学着像鱼一样游泳。你不需要挣扎着完成一趟又一趟的划水和打腿，你会学习像鱼一样轻松而优雅地在水中游弋。用这种方式游第一趟你就会感受到全浸式练习的不同，它更巧妙，且目的更明确。

• 你不仅能学会游泳的技术，还能体会到游泳的**美感**。起初你只是想游得更快，但很快你就会意识到，更重要且更令人满足的是优雅、流畅且高效地游泳。只要能游得轻松，速度自然会提升。

• 你在学会优雅划水的同时还能实现自我转变。在各种各样的游泳提升训练中，只有全浸式把游泳看作一种与瑜伽或太极一样的心灵**修炼**。全浸式游泳会强化身心纽带，进一步提升自我意识和自制力，并带来身体**与**心灵的满足感。

• 你会掌握游泳的艺术。全浸式强调有意识的精准性和优美感，这一点同武术大师的教学不谋而合。从简单的技巧和动作开始，慢慢地进步，最终，对细节的专注和有逻辑的进阶技能训练会让你成为游泳大师。

改变突然发生了：你不再"紧盯着泳道黑线"游泳，而是进行"移动的冥想"，这**总是**让你感觉很棒，不仅精神集中，身体也会感到愉悦。这很重要，因为如果纯粹为了快乐——而不是带着责任感去游泳，你可以游上一辈子。我们还发现，即便你游泳的最初目的是赢得比赛，那些**感觉**最棒的动作也会帮助你**游**得最好。

## 再版新增内容

《全浸式游泳》的出版让成千上万的读者受益。不过，1996年以来我积累的教学经验让鱼式游泳的教学过程（本书第八章所述）有了巨大的改进。到了2001年，我们的系列课程变得更加易学，从基础练习到进阶技能再到完整的游泳动作，教学进程衔接得更紧密了。新的14步教学法仅仅保留了最初的12个步骤中的2个。新的教学系列效果非常好，因此我认为有必要更新《全浸式游泳》的内容。

第一章到第七章和上一个版本的内容一样，依然是简单又清晰地对全浸式的原理进行阐释，如为什么一趟又一趟地游泳毫无益处，以及为什么**让你的身体滑过最小的"水洞"**比如何用手把水推向脚部的方法更有用。读完第一章至第三章的内容，你可以立刻跳到第八章的前两节课。那些平衡身体的流线型练习是一切的基础。这种练习非常简单，不需要热身就可以开始。不过如果你理解**为什么**这些技巧有效，知道怎么做是准确的，以及掌握了如何把这些基本动作融入游泳中（也就是读完第四章到第七章的内容），那些对你更有意义的技能练习效果也会更快显现。

既然决定尝试新的游泳方式，练习自然也会与之前不同。第二部分会告诉你如何开始新的练习，阐释"体能是练习正确技巧的副产品"的过程及原理。你会发现，从今往后，"掌握流动性和消除挣扎"永远比"肌肉力量"更重要。

　　鱼式游泳是人们能长久享受的运动。第三部分中关于力量训练、减重和预防受伤的建议会让长久的享受成为可能。还有更多让人激动的事情，如在公开水域游泳、参加成人游泳锦标赛或自行邮寄成绩的游泳赛（指在一个规定时段内，参赛者自行完成规定的运动项目，并记录成绩，然后将成绩提交到相关运动协会，最后汇总数据得出比赛结果），之前从未尝试过的这些事情都有可能发生。

　　简单地说，就是忘掉你之前听说的关于游泳的所有事情。过去的游泳训练让人却步，令人沮丧，使人浪费了大量时间和精力在错误的焦点上。好的泳者，不需要发达的肌肉和年轻的体能，不需要出众的运动天赋或非同寻常的耐力。你只需要流畅的划水和一个巧妙且周到的方法，让流动成为一种习惯。以这本书为练习指南，你就可以做到这两点。

# 目　录

< 第一部分 >

# 新举措
## 学会以全新的方式游泳

# 第一章

# 游了一趟又一趟却没有进步

为什么人们无法随心所欲地游得更快、更远或更流畅？其原因并不神秘：因为大多数人的游泳练习可以说是本末倒置的。"不要担心你的姿势不够完美，"教练们常常这样向我们保证，"赶紧游几趟。当你的身体足够强壮时，就能做出更流畅有力的划水动作。"这与真正有用的方法背道而驰，但教练们却总是这样教授游泳。

现在不同了。我会告诉你，我是如何发现游得好的**真正**含义的；对于那些厌倦了游泳带来的疲劳感，愿意花时间游得更快、更流畅的人，还有那些希望尽快实现上述目标的人来说，这一点至关重要。

但首先，我得坦白一件事。我深爱游泳这项运动。几乎每天早晨，我都会在5∶30走出家门去赴游泳之"约"；并且，只要有时间我就会参加游泳比赛和公开水域游泳赛。最后不得不提的是，我同时以游泳教学为职业，培养其他人对游泳的热爱。

我想象不到除此以外的生活方式，因为在我看来，游泳是穿着衣服能做的最有趣的运动。它让我感觉很棒，不管游得多辛苦，都能使我精神焕发、精力充沛，轻松应对新一天的任何挑战。

还有其他运动能做到这一点吗？跑完步，我的身体会疼上一整天，疼两天也是常有的。骑车很有趣，也能很好地增强体能，但必须等到出太阳的日子，而且室外不能太冷或太潮湿。重量训练很棒，但每次做完重训，我就只剩下把健身背包搬回车里的力气了。

游泳就不一样了。进行游泳训练之后，我的感觉比游之前好得多。这让清早醒来离开舒适的床铺变得非常容易，即便是天还没亮的寒冷清晨，或是黎明前闷热的夏日，我都能准时到达泳池。

或许把游泳称为"理想运动"有点过誉，但你很难找到能与之争夺这个称号的其他运动。它可以增强心肺功能，增加肌肉力量与耐力，提升灵活度，同时减轻压力。不仅如此，与其他让你心跳加速的运动相比，游泳给关节带来的压力更小。除了越野滑雪，游泳动用的肌群比其他运动都更多。也只有游泳能让你合理地体验自由轻松的失重感。

厌倦了其他有氧运动带来的伤痛？如果说运动必然对身体有伤害，那游泳几乎是零受伤的运动。它不会像陆地运动那样给骨骼带来散架式的冲击，你也不会像很多慢跑者和自行车手那样忍受关节和背部的伤痛。水会善待你的肌肉，它有按摩的效果，同时提供稳定且均匀的阻力，能极大地缓解运动后的肌肉酸痛——陆上运动后常有的酸痛。

过热现象在游泳过程中几乎不可能出现。水的导热性能是空气的20倍，所以游泳训练强度可以更高——尤其在夏天——完全不用担心脱水和中暑，尽管这些"在岸上"很常见。

游泳还是一项机会均等的运动。即使体重、身体缺陷或伤痛等因素会让你告别陆上运动，你还可以选择游泳。实际上，很多陆地运动员受伤后会通过游泳重获力量与体能，更加迅速地返回他们的主赛场。

关节随着时间推移会愈发僵硬？成年人游泳最重要的一个诉求就是提升柔韧性，相比其他有氧运动，游泳的提升效果更好。尽管游泳没有返老还童的奇效，但心脏学家和运动生理学家于1988年在得克萨斯大学达拉斯健康科学中心开展的研究表明，没有运动习惯的成人，在进行短短3个月的游泳训练后，心脏功能得到显著提升。他们的心跳变得更慢、更有力，血液循环变得更高效。定期游泳的人比同龄人血压更低、脉搏更慢，同时运动耐力更强。更重要的是，进行1千米游泳有氧训练的效果相当于4千米跑步训练。

我在大学阶段游泳时，这些对我来说都没有意义，因为当时人们对此知之甚少。那时的游泳训练很简单：跳进泳池，毫无怨言地游。而且尽可能多游，你就能赢得比赛，不负平日辛苦。那**应当**是痛苦的，不然你就不能自称为有竞争力的游泳选手。而且当你的心脏持续狂跳、肌肉从未停止酸痛时，谁还有精力发问呢？

但提问的时机即将到来，就在我大学毕业后教授游泳的三十多年里。我总算能够在泳池边观察别人游泳了，只有教练才能这样做。那真是让我大开眼界！我终于意识到，因为某种原因，一些有天赋的人不费吹灰之力就能游得特别好。这被证明并非幻想。在一对一教授的过程中，我惊讶地发现，他们实际上就是能游得那么好，而且是以相对省力的方式。很明显，让他们持续领先的是游泳的效率，而不是对严酷训练的非凡忍受力。

我想知道，那是先天性遗传，还是后天习得的。确定答案为时过早，但已经有了眉目。我不再让资质普通的泳者仅仅专注于艰苦训练，而是让他们更好地运用现有力量去练习，他们的表现突飞猛进，这种方法屡试不爽。

说实话，我很享受这种"系统内的作弊行为"。我的学生比对手更高效，这让他们更有优势，可以胜过那些训练时间更长的选手——这些帮我省去了很多在池边观察的时间。我必须承认：无休止地观看学员在水里一趟又一趟地来回游动，即便是最具奉献精神的教练也没法享受其中。而当我变成了一个"划水教练"而不是健身监督员的时候，我就不用再忍受那些无聊的观看过程了。

到了1988年，万事俱备，成功游泳的秘诀呼之欲出。那是决定命运的一年，我遇到了比尔·布默（Bill Boomer），随后我离开大学游泳队开始专门教授成年人游泳。我常在训练班提到布默，以至于一些学员误认为他们见过布默本人，而那时他正在纽约州北部的罗切斯特大学担任游泳教练。尽管美国游泳界对布默这个名字有些陌生，但纽约州北部的大学教练中有一批人是他的忠实信徒。这些"信徒"带的队伍与布默教授的队伍常在泳池相遇，却鲜有胜算。他的游泳理念很激进，甚至是具有变革性的，但确实值得一听。

那是令人难忘的一天，布默在一次教练座谈会上发言，我碰巧也在。一个又一个发言者喋喋不休地谈论他们如何通过"打造引擎，给油箱加油"的方式来训练选手，其实就是不断丢给选手艰难的训练任务，让他们的身体只能通过增强耐力应对。

接着布默走上讲台，他的发言无异于一颗重磅炸弹。他提出了一个无法回避的问题，一个在过去20年的此类会议中都未被提到过的问题："我们如何教人们在任何速度下都能**更省力地**游泳？"他的答案简单却激进："重塑船体。"毕竟，游泳选手与船只有很多共同点，而布默就像一个船舶工程师，对如何提升"船体设计"的效率了然于胸。

20世纪70年代早期的油价飞涨，使得底特律这座城市一直致力于提升车辆的性能。但游泳界直到布默出现才开始思考如何以同样的方式设想游泳的未来。显然，他确实有优势——崭新的视角和开放的心态，虽然他本人的专业不是游泳，但他在学校研究运动科学的同时，担任着足球和田径教练。所以布默并没有带着游泳"应该"怎样的包袱进入游泳界，同时他对人体运动又有深刻的理解，因此能看到我们以前忽视的部分。

不用布默重复，我立刻意识到他点出了游泳的关键，而作为专门教授成人游泳的教练，我拥有独一无二的机会去测试、发展并改善这一关键点。我的全浸式游泳班开始集中精力做美国其他游泳教练都没有做过的事：教授**技术**而不是监督体能训练。从某种意义上来说，我变成了一个高尔夫或网球专家，而不再是一个训练规划者。

我一直教授的成年游泳选手是发展上述理论的理想对象。我的训练项目远比"游几趟，再游几趟"的传统方式复杂，本质上已经发展成为一个技巧精准的项目；同时，我必须把高级技能变得更易于练习，因为年纪较长的泳者大多欠缺经验，对怎样在泳池里运动知之甚少。除非我能想到一种方法，把复杂先进的理念提炼成一系列简单且合乎逻辑的训练动作，让每个人都能掌握。此外，我每周都会到全美各地的泳池教授短期课程，我的教学必须容易理解，便于接受且易于练习，能让学员在短短几天的教学结束后也能自行练习。

如今，我已经教授了成千上万的泳者。在过去的几年里，我的学员逐渐成为我的搭档，我们一起开展长期实验，去弄清楚哪些教学内容太难理解或效果不明显，以帮助我不断完善那些效果显著的部分，我们一起努力打造更好、更简单、更直接的路径，让大家游得更好。

在这条道路上，我发现，常规的"游上几趟"的建议不仅无效，且实际上是有害的。如果你的姿势让游泳变得困难，而你又在"一直跟随池底黑线"重复这个姿势，那就不只是简单的姿势不好了，它会变成一种坏习惯。当你最终决定改变的时候，已经积重难返。

如今，毫无疑问，只有看到本质才能完全理解或是有效地学习游泳：总的来说，它是一项和高尔夫、网球甚至是滑雪式的技能运动，而不是像跑步或骑车那样的考验力量与耐力的运动。人们更难接受的事实是，对你的技能影响更大的是你如何放置和移动你的躯干或核心肌群，而不是如何运动你的四肢。幻想的理论？根本不是。随后你会在本书中看到，世界一流的游泳科学家在研究游泳纪录保持者的时候已经发现了这一事实。

　　成功完成一个优美且高效的划水动作和毫不费力地游泳，不是少数具备天赋的幸运儿的专属体验，它也不属于那些花费大部分青春钻研游泳的人。这是可以学会的。高超的技巧不是一项价格惊人的财产，这与你经常听到的游泳建议截然不同。

　　卢·菲奥里纳（Lou Fiorina）是一位出色的教练，和我一起在全浸式训练班教授游泳，他现在也明白了这一点。过去则不然。菲奥里纳记得他多年前观看的罗迪·盖恩斯（Rowdy Gaines）和特蕾西·考尔金斯（Tracy Caulkins）这两位美国泳坛的传奇人物在少儿游泳训练班所做的游泳表演，他们在泳池中优雅流畅地上下翻腾。菲奥里纳觉得一定得拥有傲人的天赋才能像他们那样。几个月后，他到了另一个培训班。这次比尔在教授一群天资普通的大学生游泳，菲奥里纳同样为眼前的一切感到惊讶："我看着他们的划水动作（与盖恩斯和考尔金斯）同样优雅，我突然意识到这是**可以教授**的，普通的泳者也能和游泳健将一样划水，并且以相当快的速度学会。"

　　如今，全浸式周末游泳班的学员就在运用你将在本书中学到的原则——任何年纪的泳者都能轻松掌握的原则。我见过七八十岁的泳者通过这些原则提升他们的游泳频次和身体素质，**同时**以经济划算的方式获得最棒的体能训练——可以说让他们在泳池的时间回报翻倍了。这些技巧表现为一套简单易学的技能练习，依序形成一整套自学系统，是你在其他任何地方都学不到的。其他领域的运动高手，即便游泳经验不多，也能习得高效优美的泳姿。这个方法能让任何泳者成为自己的最佳教练。

　　全浸式游泳训练法的每一分钟都用于练习合适的技巧，不会让你艰难地游更多趟，而是让你游得更少、更轻松、更有目的性——停止浪费时间的"体能训练"，开始高效的"练习"。如今，大部分来到全浸式游泳班的学员之前已经游了几个月甚至几年，但未取得进步。希望这听起来不像在招揽生意，但我还是要告诉你们，学习全浸式游泳后，他们的感觉开始变得更好，并且几乎立刻就感受到了游泳技能的进步。你也可以。

那还需要进行体能训练吗？事实上，你最终会做一些速度和耐力训练，但至少在一开始的构建技能的过程中，体能会自然而然地得到提升。在提升网球技能时，你会花40分钟在球场底线之间来回跑动，只为主训练接发球的体能吗？不太可能吧。你只会通过练习40～50分钟的击球来提升球场表现，而随着表现的提升，网球运动所需的体能也随之形成。泳池里的情况也一样，所以我总是以这样一句话开启我的全浸式游泳训练：**"在这里，体能是练习正确技巧的副产品。"**希望这对于时间宝贵的学员来说是个好消息。

当然，这不仅是好消息，还是正确的科学知识。我们现在知道，尽管体能很重要，但是并不像我们以前被告知的那样重要。实际上，权威科学家认为，游泳冠军把泳池里优异表现的70%归功于完美的划水动作，剩下30%才是体能的功劳——这项数据会在本书中反复出现，因为我们要展示全浸式游泳教学的策略。而对于我们这些"非冠军"来说，划水的效率甚至更为重要，可以说决定了我们表现的90%。想想吧，一个游泳初学者10分钟内只能游400米，通过自我鞭策形成更好的姿势后，游同样的距离用时或许可以减少5～10秒。然而想要使速度显著提升，减少50～55秒，只要通过学习如何在水中更高效地运动就能实现。

毫无疑问，一个好的高效的划水动作可以说是你一生所学最复杂的技能之一，难度远高过一个理想的挥杆或是一个完美的发球。没有专业的指导，根本不可能完成。好的成人游泳教练打着灯笼也难找。普通的教练会把你淹没在细节的海洋里，让你对如何通过移动手臂前进1米而困惑不解，以至于忘记了一开始是哪只手在移动。

更糟糕的是，你的手臂动作对于你在水中穿行的速度影响并不大。一个糟糕、低效的划水动作，即使做到完美，也只能勉强把你的速度提升5%～10%。因为水的密度约是空气的1000倍，对不知道水中滑行技巧的人来说，水流是巨大的阻碍。学习通过改善身体姿势来减少阻力，能让你在一两天内速度提升20%～30%。这样的提升在全浸式周末游泳训练班中随时可见。

这就是为什么我们要"由内而外"地教授游泳，其中所包含的正是你将在本书中学到的方法。首先，我们将向你展示如何平衡身体，让它呈流线型并稳定下来。接着，我们让你的推进系统开始运作——但只关注起作用的部分。

这种方式将带你进入游泳的世界，让你不断有新的收获。你的身体以恰当的方式运行，游泳变成了愉悦感本身，而不再只是一项体能训练或运动竞赛。把注意力集中在形式上，这也是全浸式的关键，你不仅能变得健康、高效，还会发现自己可以像瑜伽和太极学员那样保持内心平衡。

优雅、速度、技术水平、体能，**以及**内心的平静。等一下，这还是本讲述游泳或开发人类运动潜能的书吗？你会在接下来的章节中找到答案，所以让我们开始吧！我们要讲的正是游泳，你没时间怀疑了，你还有更重要的事要做！

# 第二章

# 游得更好却一点也没变壮？是的！

　　我不是一直都了解游泳。实际上，和大部分参加大学游泳比赛的人一样，我在那4年里的做法完全是错误的——尽管当时没人意识到这一点。没有付出，就没有收获，大家都这样告诫我们。所以，在让人筋疲力尽的数小时里，我们默默忍受着痛苦。一些人得到了回报，更多的人则时常受挫。原因很简单：我们如此努力，却是为了错误的目标。时至今日，太多的人还困在辛苦训练的死胡同里。

　　那时的情况是这样的。大一赛季一开始的时候，我还没接触过大量的日常游泳训练，第一次计时游1650码（1码≈0.9米），即游泳的标准里程1英里（1英里≈1.6千米），我用了大约22分钟。我们协会的顶级选手比我快了足足4分钟，所以想在长距离比赛中有所斩获并非易事。我唯一能想到的就是加快划水——时至今日大部分急于提升成绩的选手还这么认为。手动得更快，身体前进得就更快。还有比这更简单的吗？况且，没人会提出异议。

　　所以，在每天下午的训练中，我的训练策略再简单不过：尽可能地快速划动手臂。这样很快就累了，我马上发现了这一点，但是我认为这样日复一日地做下去就会习惯——使我的身体对疲劳安之若素。不管怎样，那时就是有这样一种原始的训练逻辑。每天下午都练习2小时，游240趟，经历这样近乎惩罚式的训练之后，比赛日就不费吹灰之力了，20分钟内游66趟，多轻松！对于现在看来如此原始的运动心理，那时的我却毫不怀疑其正确性。

而且我确实在两年内实现了自己的目标：18分钟游完1英里，创下了东部联盟冠军赛的纪录。胜利啦！从终点线上岸的时候，我的计时员感叹道："我从未见过有人能像你那样快速划动手臂这么久！"

"谢谢！"我低声回复。

那时我们都没有意识到，这并非一句称赞。

但我最终发现了。因为即便在那时，我只不过持续进行了两年的高强度训练，之后却再无突破。这个策略只能激发这么多潜力，已经没有提升速度的空间了。

尽管当时没有意识到，但在执意寻找更努力的训练方法的过程中我撞上了自身速度的极限，这是由速度基本公式 $V = SL \times SR$ 决定的。速度（V）等于每个划水动作前进的距离（划水距离或缩写为SL）乘上每个动作的频率（划水频率或缩写为SR）。当接近划动手臂速度的上限时，你只能通过缩短划水距离来进一步加快划水频率。所以，这可以说是个零和博弈。提升一项，同时以同样的幅度弱化另一项，而其乘积——速度则丝毫未变。更糟的是，你花费更多能量却一无所获。我大学最后两年的辛苦训练，完美地验证了这个令人沮丧的公式。

但这一切即将改变。毕业后的那个夏天，我开始了第一份教练工作。最终我得以在泳池边一个舒服的位置研究游泳，这个视角颠覆了我的想法，让我能够看出什么能让人在水中游得更快。我大学时的情况不能再发生了：在水中上下翻腾也无法摆脱训练的痛苦。做教练的第一天，我一下子就明白了一个道理：最快的选手一定是游得最轻松的。

忙着用打蛋器法踩水的泳者只能在慢道翻腾，在轻松滑行的选手留下的水花里挣扎。我以前是否也像这些在水中挣扎的人一样做着无用功？毫无疑问是的。所以我明确了作为教练的第一个使命：让学员不再重复我的错误。我不再只是逼迫他们尽可能努力地练习，我要试着搞明白是什么能让最好的选手游得这么轻松，然后把诀窍教给其他人。

在接下来的 12 年里，我都在研究这个突然冒出的想法。1984 年，我们发现了原因。美国奥运会游泳选拔赛上，比尔·布默和几位罗切斯特大学运动科学方面的同事开展了一项研究，在 6 天里拍摄了 26 项男女赛事中每位选手的比赛全程，获得超过 700 份世界顶级运动员接近人类游泳极限的影像记录。

他们发现在 80% 的时间里，**最快的选手划水动作最少**，这一结论得到了反复证明。无独有偶，4 年后，宾夕法尼亚州的科学家在 1988 年奥运会上也开展了类似研究，并得出了相同的结论。最快的选手一定是最高效的。

所以怎样才能游得更好更快呢？我们现在有了答案：延长划水距离，而不是加快速度。我那不尽如人意的大学时代已经过去 30 年了，在现在的教学时间里，我不再关注一共游了多少码，而是关心**每一个划水动作能游出多少码**。因此我不再只通过计时钟来判断是不是游得更快。相反，我会记录为了达到某一速度我要多做几个动作。换句话说，我要知道什么在消耗我的能量。

所以游得更好更快的第一步就是要完成一个更长的划水。这可以通过两种方式实现：（1）更多推力——通过强有力的划水动作，用手和脚**推动**身体在水中前进得更远；（2）更少阻力——调整身体姿势以减少摩擦，这样能在动作已经产生的动力的作用下游得更远。

当然，在水中你的直觉"知道"应该怎么做。更努力地划水，更有力地踩水，更快地划臂，显然都不对。我就是这样浪费了大学 4 年的时间。

很遗憾，那时的我不知道25年的教练生涯会告诉我世界顶级泳者是怎么产生他们的速度的。这在很大程度上归功于调整身形、摆正姿态来减少水的阻力，让自己变得更"顺滑"——如何使用手和手臂划水没那么重要。

在世界最快的自由泳短距离赛中，选手会产生几千瓦的功率，但也只能让他们在水中的滑行时速达到5英里。而鱼的时速是68英里，和猎豹奔跑的速度一样，消耗的能量却极低。按照佐治亚理工物理学教授文森特·玛丽特（Uincent Mallette）的理论计算，100吨（1吨=1000千克）重的蓝鲸，维持20英里的时速需要448马力（1马力≈0.7千瓦），但实际上它只用了不到70马力。海豚的耗能也只有物理学家预估的八分之一而已。

人类已经在陆地上生活了数百万年，在密度比空气大约1000倍的水中，只能挣扎前行，在水中做每一个动作都要消耗巨大能量。要想在水中实现速度加倍，则需要8倍的能量输出。要想将速度提升哪怕10%，力量就得增加33%。在水中，阻力就是一切。主动将躯体变成流线型——避免水的阻力——是海洋哺乳动物的秘诀。不仅如此，人模仿鱼类最简单的方法是更流畅的身形和姿态而不是更有力的划水。实际上，根据人类运动学家的估计，游泳运动能力中的70%取决于身形姿态，力量和体能只能影响30%。

所以，现在可以让游泳速度公式 $V=SL \times SR$ 为我们服务了。首先，你要学会调整姿态，让身体在每个划水动作中都能前进得更远（SL）；接着你要有足够的体能保持高频的动作（SR）。但不要太快。

我见过的游泳选手，几乎都已经具备了SR，他们需要提升的都是SL。他们通常都会在稍稍放弃SR以获得更多SL的时候，速度开始得到显著提升。所以，我一直建议游泳选手先提升SL。况且，能量消耗的增加是以肌肉运动速度的立方来计算的，也就是说划水频率加倍，则能量消耗就是以前的8倍。由此可见这种投入并不值得。

我用了整个大学4年的时间来把SR最大化，却忽视了SL。难怪我会被卡在速度瓶颈中。SL用大脑来提升，而SR则用肌肉提升。所以后者的提升是短期的，而且没法维持。如果你不仅想要游得好，还想维持这个速度，那就来看看这个对照表，然后告诉我你愿意在游泳公式的哪一项下功夫。

## SL 与 SR 的比较

| SL 是技术导向的，能通过调整身体姿势或线条来提升。 | SR 是训练导向的，必须努力训练提升肌肉和力量，让四肢更快地移动。 |
|---|---|
| SL 的提升依赖于脑力。运用自己的知识、意识和注意力去保持流畅、高效的水中姿势。这是神经系统——而不是有氧系统——的训练。能量消耗微乎其微。 | SR 的提升依赖于增强心肺——要增强很多才行。 |
| SL 在任何年纪都有可能得到提升。没有所谓"太老"这回事，因为是技术导向的，我们学习或提升 SL 的能力即便在七十多岁的时候依然出色，所以智慧型选手直到中年以后也能提升速度。 | SR 有年龄限制。最终你的肌肉会没法更快地运动。维持高频 SR 的精力取决于你的耗氧能力——你的肌肉能用多少氧气消耗能量——它通常在 40 岁达到巅峰。这也应该是 SR 的巅峰。 |
| SL 的提升效果是永久的。一旦掌握一门技能，它就会永远刻在我们的"肌肉记忆"中。投入时间和精力提升你的 SL 后，即便暂停训练稍作休息，你也不会失去这项优势。 | SR 的提升是暂时的。它对体能要求很高，而体能是转瞬即逝的。放弃健身几周之后的每个人对这一点都有体会。仅仅远离健身一段时间，你就会回到原点，不得不从头开始训练。 |

　　最棒的也是最明智的世界顶级选手，会尝试用折中的方式以最少的付出获得最佳的速度提升。如果划水前进得更远而速度不变，你就会游得更快。如果在划水频率加快的同时试图保持同样的划水距离，也能游得更快。但如果两者同时提升，哪怕一点点，你就会游得快**很多**。他们首先训练SL，接着逐渐提升SR，同时保证SL降幅最小。这是巧妙的中庸之道，也是屡试不爽的最成功的训练方法。

　　让我们回到之前说的速度数据：提升划水成果，70%取决于消除身体遭受的水流阻力。这不仅是事实，而且很关键，伟大的选手因此可以优雅且毫不费力地达到惊人的速度。这并非幻想。比较起来，他们**就是**毫不费力。而且学会在做每一个动作时滑行尽可能远的距离，这是最有效的技能。所以我们也一定会想把大部分时间和精力都花在如何在游泳时让自己变成更好的"消除者"上。

这是一个分两步走的策略。首先，从速度曲线上低于平均速度的部分开始（如下图所示）。虽然你或许没有意识到，但你的身体是不会以恒定的速度前进的。每一个划水周期中的加速和减速过程就像司机轻压和放开油门一样。动作开始之时，手臂和肩膀的姿势通过杠杆作用发力，从身下划向臀部，手臂移动到更有效的位置，此时有力的核心肌群开始发挥作用，速度也因此上升。接着是划水的终点，手划出水面，速度下降，直到你的另一只手开始下一次循环。

大多数人会为了游得更快而用力划水、打水或加快手臂翻转的速度。他们试图在速度下降之前把速度曲线的峰值拉高。但是这样做毫无意义。如果他们在速度的另一方面下功夫，就能找到游得更快、用力更少的真正诀窍。

游泳速度，显然不是曲线的波峰而是波峰和波谷正中间的那条线——每个划水周期中最快速度和最慢速度的平均值。水对身体的阻力，

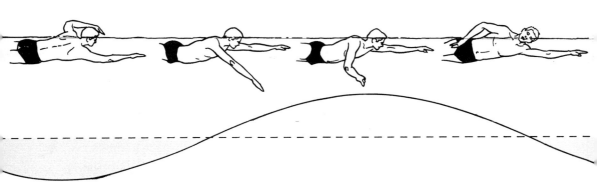

部分取决于你游得多快，速度最快的时候受到的阻力比最慢的时候多得多。所以如果你试图在峰值的时候提速，实际上是在撞象征性的南墙。速度最慢的时候阻力小得多，此时进行提速才是更明智的选择。

所以说，**在动作之间做些什么比如何做动作更关键**。看看这张图。身体移动最慢的时候，不刚好是最容易提速的时候吗？是的。这正是速度的恢复期。所以，在速度恢复期尽量保持身体舒展、平衡、流畅，这样一来速度的提升比仅靠手部动作要快得多。

对一直被灌输更快、更有力的划水和打腿是提速关键的人来说，这是期盼已久——却绝对出乎意料的消息。我在全浸式成人游泳训练营抛出这一事实的时候，他们意识到在这里所学的（也就是本书的内容），是对传统游泳认知的颠覆，可以说推翻了普遍接受的游泳常识。出色的游泳选手用更少的划水产生更快的速度，不仅仅因为他们的动作有力，还因为他们的身体持续向前滑行，飞快地前行，每次划水都能维持很长时间。

不管是想参加奥运会还是只为了游得更快，这都是一项你可以提升的能力。你的划水动作或许很标准但次数太多，由于身体总是猛地向前然后突然停止，你只能不断地摆动手臂以保持前进的势头。

你需要学习一些技巧让自己变得顺滑。那是鱼天生就会的，只要我们知道技巧是什么，我们也能学会。读完下一章，你就会明白了。

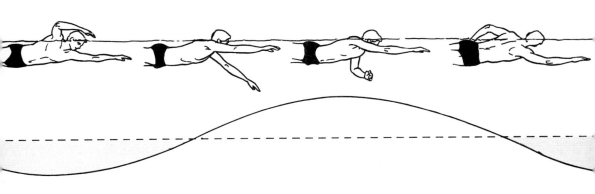

# 第三章

# 流畅的泳者

阻力——我们在重量训练中恰好需要的，在其他运动中却成了障碍。如果你曾经迎着时速30英里的大风骑车，你就会知道为什么会有流线型头盔、空气杆甚至空气动力水壶了——这些装备可以让你的形体尽可能紧凑和流畅。空气需要推动的物体表面积越小，移动就越容易。

游泳穿过的介质的密度约为空气的1000倍！也许是因为水中速度较慢，所以流线型对游泳看似没那么重要，实际上却很关键。每一位有效率的游泳选手——或者说几乎所有游得快的选手——似乎都有一种直觉，知道如何把身体摆成最好的姿势，轻松地在水中穿行，尽可能以最小的努力换取快的滑行速度。

我和瑞克·夏普（Rick Sharp）博士聊过这个问题，他是科罗拉多泉市国际水上运动研究中心的负责人。他的实验室研究得到了一个惊人的结果，即使一些世界一流的游泳研究者也没见过："我们发现，最快的选手产生的推动力往往少于那些速度没他们快的选手。"夏普解释说："显然他们有能力产生更多推动力，但是他们不依靠这种方法去游得更快。"换句话说，他们游得更快不是因为他们的划水动作更有力，而是因为他们让自己的身体**更易滑行**。对于这些顶尖运动员来说，达到这种程度的效率是一个试错过程，但每个人都能游得更快的"秘密"，其实一直都在。

这让很多人感到意外，他们说来到我的训练班的最终目的是"我需要学习新的技术。我五十年代的时候开始游泳，从那时到现在，游泳姿势发生了很大的变化"。所以，当我告诉他们好的泳姿不会像衣服下摆长度或领带宽度那样，每当新的"发现"出现，今天可能还是时尚，明天就成为过时的了。高效游泳的基本原则不会过时，因为它们基于恒定的物理原理，以及躯体与水的互动方式。

这些原则直到今天才真正进入游泳教学。对一些人来说**或许**很新鲜，然而很久以前船舶设计师已经在设计有史以来最快和最易推动的船只的时候发现了这些原则。这些海事科学家们已经完成了探索。今天，我们要做的就是进入泳池，把他们的发现用于人类而不是船只，并将其总结成3条游得更快的核心规则：

- 在水中平衡身体；
- 让身体更长；
- 侧身游泳。

这听起来别扭，但实际上发挥起作用来像是有"魔力"一样。


# 更好的平衡：最省力的方式


每当学员向我抱怨打腿不够有力的时候，我都会想起不久前学直排轮的第一天。与其他很多人一样，我选择"滑旱冰"，因为那是一项看起来非常有趣的室外有氧运动。结果一点也不有趣，至少一开始是这样的。

在练习了大约十五分钟之后，下半身后方肌肉的钝痛逼着我停止了练习，我不得不挣扎着打道回府，而且相当困惑。这不对劲，我心想。我的腿在完成所有的运动。

我选择坚持不懈地进行这项"艰苦"的新运动，每一次都增加滑行距离直到那些松软的后方肌肉——我猜应该叫"滑冰肌群"——成型。但是当下一回我再穿上冰鞋的时候，我发现不是软弱无力的肌肉而是糟糕的体态导致了疲劳。一些滑冰者，据我的观察，像糖浆一样流动，他们的速度看上去来自毫不费力的左右摆动。其他人则是费力地蹒跚，起伏不定地向前。远处的观察让我突然意识到，其中的差别并非后方或腿部肌肉力量，而是重心的转移。好的旱冰选手知道在合适的时机用合适的方式把重心从一只脚转移到另一只脚。

动作流畅的滑冰选手把所有的重量放在左边，接着**在合适的时机**，转移到右边。与其他摇摇晃晃的滑冰者一样，我没有掌握这一技巧。我那200磅（1磅≈0.45千克）的块头在重心之上摇摆，而我的后方肌肉不得不在摔倒前把我抓回来。最终，它们当然会变得足够强壮以完成这项工作，但那时我就不仅是一个糟糕的滑冰者，还是一个糟糕且强壮的滑冰者。聪明点，去学习平衡吧！

很多沮丧的游泳选手也犯了同样的错误。他们知道自己的臀部和腿在水面下挣扎，而且如果幸运的话，他们也明白这不仅是最普遍也是最严重的技术缺陷：它最消耗能量。所以他们会抓起浮板，悻悻地开始进行无休止的练习，以期强化"出问题"的腿部。

只不过，问题并不在腿上。

因为并不是糟糕的打腿在阻止我们游得更好。问题出在糟糕的平衡上，就像我在第一天滑旱冰时发现的那样。但是在泳池里，这一点几乎可以当场改正。而且一旦改正，这些游泳选手会开心地发现"糟糕的打腿"不再是问题了。实际上，如果能保持适当的平衡，他们几乎不需要打腿。

但是在水中，适当的平衡不是生来就有的技能，需要通过练习获得。

人类的身体，如你所知，并不是为了浮在水中而设计的。从进化论的角度来看，我们的身体构成是为了更好地在陆地上生存，因此我们较长的腿和较低的重心最适于保持身体的稳定性和可移动性。腰部以上，我们几乎是空的；我们的肺部，不过是一对大风箱。这意味着我们的腋窝之间是最有浮力的部分，往下则像石头一样。我们较长、较重的腿部更倾向于下沉，人类天生如此。

费劲地摆动腿部以弥补天生的体型劣势，只会让你筋疲力尽。更糟糕的是，这对让你慢下来的不平衡根本没有矫正作用，而且必定会让你在铁人三项比赛中表现糟糕，刚从水里出来的时候面对接下来的自行车和跑步，最不希望出现的就是腿部肌肉的无力感。

你真正需要的是更好地让臀部上浮到适当的位置。

确实有这样一种方法，我称之为"按压你的浮标"，其操作原理如下文所述。

把一个沙滩球按入水中会怎样？是的，水的浮力会把球推出来。你的身体中也有一处具有同样的浮力，即腋窝之间的部位，这就是你的浮标。

把你的浮标按进水里，水也会将其推回。但是，假如对这个浮标**持续**按压，水就会转而推动你的臀部。如你所愿，只用水的压力就能轻松把臀部推至水面，所用能量远少于打腿上浮消耗的能量。

你还可以用头部重量来平衡。要知道，你的身体在水中就像一个不平衡的锯子，锯齿部分就在你的腰部和肋骨间，又长又重的那一端则要下沉。此时可以用另一端的重量进行完美的平衡。想象一条从腰部延伸到头顶的钢管，保持这种"连接"不被打破，臀部就能浮出水面。打破这种连接——比如把头抬起换气而不是随着身体摆动——重力就会再次把你的臀部和腿向下拉。

在第八章中，你将学到简单的按压"浮标"的技巧，要让这个动作变得熟练而自然。你还会开始"下坡游"，即依靠胸部前进。稍作练习你就会发现，游泳过程中按压浮标，能让水产生浮力，以便更好地支撑下半身的重量。

下图展示了两种姿势的差别，一种是身体因不平衡而下沉，臀部和腿部都为重力所累；另一种就是按压浮标形成完美的平衡。

我不能保证每个人都能轻松学会这一技巧。有些人浮力小（通常是那些格外精干的铁人三项选手和跑步选手），对他们来说让臀部持续上浮会困难些。如果你也是这样，不要怕身体位于水下一到两英寸（1英寸≈2.5厘米）的深度。你不需要像软木一样漂浮，你要做的是使上下半身在水面处接近水平，臀部和腿尽量接近水平即可。这样做就能极大地减轻重力。减少重力，然后再看其对速度有何影响。

学会保持平衡给游泳选手带来的最大益处不一定是速度的巨大提升，而是让他们在水中更放松。一旦他们意识到按压浮标会让水产生更多的身体支撑，游泳就没那么费劲了。而一个处于放松状态的泳者能做出惊人之举。唐·沃尔什（Don Walsh）是我的学生，52岁的他能非常放松地游泳，甚至在完成9小时环曼哈顿游泳之后说："途中我一直感觉很好，全程一点都没有感觉到累。"

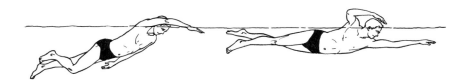

## 更长的船速度更快：更长的身体也是如此

在我还是新手教练的时候，两名有天赋的选手进入了我的队伍，感到幸运的同时我敏锐地意识到从他们身上学到的东西比我教给他们的要多。我注意到的第一个现象是，无论他们游得多快，看上去都相当轻松。这并不让我觉得意外——我以前已经看过成绩斐然的选手如此表现——不过为什么他们在水中看上去比其他人**更高**（身体更长）？

据我多年观察，最好的选手通常都是这样。而且这与他们实际身高无关。技术熟练的泳者，即便身高仅有178厘米，在水中看上去也远比技术粗糙的身高187厘米的人要高，这不是幻觉。好的游泳选手确实"游得高"——这是每个人都能学会的——而且他们正是因为这样做才游得更快。一个多世纪以来，船舶工程师在提高船只航行速度的时候也一直遵循这个基本原则。

19世纪30年代，一股热潮席卷了快速帆船业，船主们不断打破越洋速度的纪录。这些船只为速度航行而生产，所以不能仅靠更换大功率引擎，速度的提升还要依赖更好的船体设计。W. 弗劳德（W. Froude），这位英国船舶设计师，在水池中测试了各种船型的速度，以确定哪种形状的船只速度最快。他的重要发现是，在其他参数不变的情况下，水对船的阻力会随着吃水线处船体长度的增加而降低。翻译成通俗的话就是：更长的船速度更快，航行更轻松。时至今日，他的测算，即众所周知的弗劳德数，仍被用于预测各种船只的潜在速度。

这个船舶设计的原理同样适用于泳者。船舶设计的术语换成通俗的话，就是人的躯体——与竞赛帆船、皮划艇或独木舟一样——对于流体力学来说都是一个"表层穿透性移动体"。如果一条更长的船航行更快，那一个更高的游泳选手也是如此。而且身高更高的泳者确实如此。100米自由泳是游泳界最重要的短距离比赛，这类比赛中游得最快的那些人平均身高是198厘米。

除了自身的身高，还有很多方式可以让你"游得高"。而且这些方式很重要，它们会通过数字计算为你的游泳大大加分。假设一位身高183厘米的选手用25分钟游完了1英里，让他服下生长激素使身高变成274厘米。他没有进行更多更辛苦的训练，没有变强壮，也没有改变游泳动作，只是长高了。此时，根据弗劳德数测算，他可以在不到18分钟的时间里游完1英里！

那么，如果你的身高"只有"183厘米，且年近30不可能再长高了，该怎么办？其实，进入水中，你还是能"长高"的；只要手臂尽力伸过头顶，你就可以从183厘米延伸到274厘米——从手指尖到脚趾尖的长度。如果在每一个划水周期里尽力维持这个延伸的更高的姿势，你就能提升自己的弗劳德数，用同样的能量游得更快。

有个简单的实验能证明这一点。在水下尽力地推动泳池壁，手放于身体一侧（183厘米的姿势），然后尽快前行直到浮出水面。接着再做一次，这次手臂前伸过头，呈流线型（274厘米的姿势），看第二次是不是能游得更远？

这也是"游得更高"的诀窍，我的导师比尔·布默（Bill Boomer）称之为前方象限游或FQS。如下图所示，把吃水线看作X轴，想象一条竖直穿过肩部的线为Y轴。两条线把游泳空间划分成不同的象限，前方象限就是肩膀前部在水下的部分。

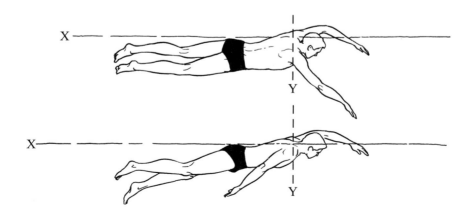

　　FQS游泳意味着一直把手保持在前方象限（当然在每个动作开始的时候，两只手都在那里）。这实际上是"游得高"的另一种说法，一样是延长身体线条，让你在水中比实际身高更高。右手放在前部，左手划水，接着划动右手，左手回到前方象限，如此循环。一只手直到另一只手快回来的时候才开始向前。每只手哪怕多保持1秒钟就能让你的弗劳德数有很大提升。

　　这是常识吗？实际上，不是人人都懂。我周末班的所有泳者第一天进入泳池，都在后方象限游；我大学时拼尽全力要变成一名后方象限泳者。为什么大家都这么做？因为太容易掉入陷阱："手臂向后划动才能获得向前的动力，不是吗？为了游得更快，更快地划动手臂不就可以了吗？手向前伸？那只会让我慢下来！"

　　所以大学时我就像一个浴缸里的发条玩具：手一碰到水就扎进水里开始向后划动。遗憾的是，这让我的手只能在头部前方稍作停留。看上去，我游得像个矮个子的人。同样的距离，我过去要划水24～25次，如今五十多岁的我却只用14～15个划水动作就够了。而划水快，只会让**游得快**变得更难。

　　一些人，和我过去一样，都是有意变成后方象限的泳者。但是其他人则是情不自禁这样做——一旦他们的手进入前方象限，就立刻划向后方。他们的手臂因为承重而变得很"重"，这些重量本来应该分散到身体其他部位，如果他们能更好地维持平衡的话。似乎要承认这一点：除非变成平衡性好的选手，不然你不可能变成前方象限泳者。但是不管你的后方倾向是否是有意为之，FQS都不是天生的动作。你必须先明白原理，接着有意识地把它变成一种习惯，且要对自己可以变成更快、更有效率的泳者充满信心。

　　正确的FQS不亚于一次游泳技术的变革，它要求泳者重新思考游泳时手部该怎么做。也许你立刻就能理解这其中的原理，当你用手延长身体而不是向后拨水的时候，手才能更好地发挥作用。一旦明白了这一点，你就能更有效地以各种方式让自己变高。

首先，在划动之前用手延长身体。这应该是一个真正的延伸动作，就好像伸手去够高架上一个你够不着的东西，在水里就是轻松地一直伸手向前。然而对一些人来说，却没那么容易。一旦你的手碰到水，多年的坏习惯就会占据上风，让你的手直接下沉。直到我要求他们每一次划水都要像每一趟最后一次划水时伸手够池壁那样向前伸展手臂，他们才能摆脱这个坏习惯。涉及肌肉时便会不同——现在手臂完美、笔直且修长地伸出去，带动身体更轻松地向前滑行。

在这个过程中不要着急。手在向后划动之前尽量延伸，不要急于划水。这时，心中默念会有些帮助："入水，延——伸——，停，然后拉。"记住，让你的手保持向前，在开始划水之前尽量向前延伸。

其次，要注意减轻手臂的负担，让它们更好地延长身体线条——说真的——这样手臂就会放松了。像我之前说的那样按压浮标，让水支撑头部重量且与躯干成一条直线，你就能做到。一旦这样做了，你就能成为已经获得水中平衡技能的少数泳者之一。如果没有，在真正游之前，你可以翻到第八章学习减轻手臂负担的技巧。

完成这些之后，你就会发现让手臂变得沉重的重量来自如下两处：

1. 你没有把所有的体重放在浮标上，所以其中的一些转移到了臀部和腿部，下肢开始下沉。为了挽救下沉趋势，你会更快地向下摆动手臂，远离前方象限。这样你就"变矮"了。

2. 你把头抬起来——即便只是稍稍抬头——在呼吸的过程中，额外的重量转移至手部，手臂下降更快；每次呼吸都是如此。

我保证你们只需花费很少时间练习手臂肩负技巧，比我学得快。游泳不仅是我的工作，还是我的爱好，多年来我一直在努力提升划水效率。但是我一直选错了努力的方向，对每次划水中手臂的移动幅度锱铢必较，两年里能比平均数少一个动作就是很大的成就了。后来接触到手臂减负技巧后，不过几周的时间我就减少了两个动作，后来又减少一个。相信我，当一个专业教练经过近30年的尝试，把游25码的划水次数从16次减至13次，他一定会想要把动作要点文在任何游泳技术毫无进展的人身上。我很确信。

杰基·赫斯提（Jacki Hirsty）教练也是如此。她是35～39岁年龄组游泳纪录的保持者，我们陆续合作执教了5年。但是直到我们一起在波士顿教全浸式游泳时，她才听说给手臂减负这个我最终打磨出来的值得与学生分享的简单技巧。之后她自己做了尝试，重游了一组400码，比近几年的速度快得多，更重要的是，她的划水次数大大减少了。

# 不要平贴水面游，要侧身游

游泳选手还能从船舶设计师那里学到的一点是：如何让他们的身体像竞速帆船一样飞驰而不是像货运驳船那样颠簸前行。你能想到的最快的船是不是美洲杯帆船赛的参赛船只？仅用风的力量，它们就能像风一样前行。你能想到最慢的**机动**船是什么？我想一定是货运驳船。装配最大的马力，它却还在龟速航行。要知道，游得像货船一样还是像美洲杯帆船赛的帆船一样，我们可以自行选择。

游泳界经久不衰的神话之一是自由泳正确的姿势应该是俯卧，在呼吸时头转向一边。数百万人在红十字会水上救援队训练出来的教练指导下，以这种方式练习游泳。没接受红十字会指导的极少数人，也会自动选择这种方式，因为趴着使他们感觉更舒服、更安全。

但这是错误的。如果你想取得哪怕一点点进步，自由泳就不能趴着游（顺便说一下，仰泳也不是平躺着游）。世界上最快、最有效的游泳选手会以身体侧边划过水面，每次划水从一边转向另一边，并且在每个划水周期都尽量延长侧身的时间。侧身游的优势显而易见：比趴着游更容易划过水面。

让我们再用刚才的航海术语解释一下这一现象。还记得吗，我们的身体——同帆船和货船一样——是表层穿透的移动体，所有物体都遵循同样的物理定律，因为他们都在移动的过程中划过水面（潜水艇、鱼雷和鱼——以及蝶泳和蛙泳选手——在水面之下移动，因此背后的动力学原理略有不同）。其中一条规律是，水的阻力增幅是水向两侧分开距离的**平方**，距离翻倍，则阻力变为4倍。所以，你是像驳船那样用力推开面前的水，还是像帆船一样流畅地划过水面？还用问吗？

其实在儿童期你就理解了这个原理，就在你将手臂伸出车窗的时候。伸直手臂到窗外，手掌摊开直接迎着空气流动，就像交警的停止手势，此时感受到的风力是很大的。接着弯曲手肘手掌向下，指尖向前。哇，几乎感受不到任何压力。

同样的原理也适用于水中的身体（表层穿透）。游泳的时候，水几乎贴着你的身体流向两侧，只有很少一部分从身体下方流过。趴着游时，你就像一条驳船，"宽阔的肩部"推动水流向前，而且会一直推动前方大量的水。帆船则不然，即便它们的梁很宽，船头却像刀锋一样，所以水很容易流动，如下图所示。当你像帆船一样游动的时候，身体一侧划开水面，阻力可能只是驳船游法的一半。

我知道，你不能一直侧着身体。但是在划水的时候你可以从一侧转向另一侧。最有效的自由泳是按照一定的节奏翻转身体，直到你的肩膀和臀部几乎垂直于水面，并且尝试在每个划水周期尽可能地延长侧身的时间。

翻转也会帮助你的身体维持更长时间的有效姿势。有个方法可以证明：紧贴墙壁面壁而立，一只手臂向上伸直过头顶，张开手按压墙面。

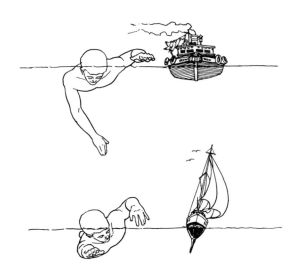

手不要动，身体转向一边，接着再转回来面壁，重复几次。注意你的手在转成侧身的时候是如何向上的，在你转回面壁的时候又是如何向下的；这会让你每次侧身的时候"更高"，面壁的时候"更矮"吗？当你侧身游的时候，也能游得更高。

　　这些优势会让你更愿意在每次划水的时候转向一侧，这样在每个划水动作结束的时候你的身体会接近侧卧。此时你最明智的做法是待在原处——侧身——直到你的手臂再次入水。这样，在不划水的时候你会一直以侧身的方式在快速向前滑行。因为不必推动面前大量的水，你的滑行会更快、更远。

　　这样，自由泳会变得优雅有力，成为一种明智的身体塑造方法，而不是在水中费力向前、让人筋疲力尽的运动。它变成了一系列悠长的滑行，由快速的翻转连接，期间你不断地划水并不停地左右翻转。每一次，你的身体都有一个工作的侧边（手臂划水的那边）和相对的另一边（即让你身体更长的一边），这样的划水才能尽可能地产生速度和距离。每个划水周期侧身维持的时间越长，你的身体前进的速度就越快，游出去的距离也越长。这样一来，游泳也会变得更放松、更省力，就连看起来也更轻松。

　　这可能让一些人无法接受。前阵子在去我的一个培训班的途中，我受邀参加了成人组的体能训练。单程结束后，我的赛道的一位选手走到我身边，语气中带有些许抱怨地说："我不明白你怎么能跟上我们的。你看起来没**做**什么。"嗯，跟其他任何人相比，我确实没做什么。他们稳定地摆动手臂，有力地划水，"就这样游"。而我则像一艘航船，静静地滑行，在每次划水之间侧身——并且随着划水动作侧身向前。而他们不翻转和滑行，只能不停地摆动手臂，不然就会在每次划水之间静止并沉入水底。我的泳姿看上去并不费力，与他们的相比，确实如此；甚至看起来像是在作弊。

　　那么为什么不是每个人都这样游呢？他们贪恋惩罚吗？当然不是。即便大部分游泳教练不**劝阻**人们做翻转这样的有价值的动作——他们确实阻止了——你仍旧看到很多"水平"型泳姿，因为这样使人感觉更舒服。转成侧身会让我们感觉不平稳，有一种倾斜感，似乎很难控制身躯。所以我们几乎很少侧向一边，如非必需，我们不会保持这样的姿势哪怕一纳秒（十亿分之一秒）。脸朝下的姿势看起来是对的。

　　就是那个"老妖怪"，就是糟糕的平衡让我们不自觉地采用水平方式来游泳。如果学习趴着游需要一些时间来练习，那就等到你不得不侧身平衡的时候再做。侧身平衡是不自然的、反直觉的，如果没有集中精神去努力练习就很难学会。但是在学会它之前，你总会试图避免翻转并最终把自己变成一条缓慢且费力的驳船。其实你不必这样，第八章的技术训练会让你渐渐感受到竞赛帆船一样流畅的滑行。

　　当我第一次说，游泳成绩提升中的70%是由身体变成流线型决定的，我预料到有些人会抬起眉毛做惊讶状。我在自己的游泳课上经常看到这种反应——直到我们跳进泳池最终摆脱了会增加阻力的坏习惯。"我从未见过臀部可以这么快地滑行。"有人会这样说。或者其他人会声称他们游25码所做的划水动作会比标准数减少6个。我们使用的技巧和你将在第八章中阅读到的内容一样。你也会收获同样令人激动的结果。

不过我还是要承认一件事情：如果在一开始没有什么推动你前进的话，你就不会滑行。那就是推动力，我认为它被过分强调并不意味着它不能得到极大的提升。不过，首先你必须忘掉可能有的想法——认为需要用有力的肩膀来拉动泳池中的身体其他部分。接着我会告诉你是什么在**真正**起作用，以及如何让划水更有力。

# 第四章

# 优化引擎　找到并运用你的游泳力量

"如果你的身体是一辆摩托艇，臀部就是你的引擎。你的手不过是螺旋桨的尖端。"

我从导师比尔·布默那里学到了这些，一开始听到这个论断我也觉得不可思议。毕竟，我曾经指导过多名游泳选手，每天让他们花费数小时进行重量训练，以打造有力的手臂和肩膀。现在一个"离经叛道"的教练却试着告诉我，我之前做的全是错的。有力的手臂和肩膀一开始并不能推动我在水中穿行？我实际上一直在误导学生？这怎么可能！

好吧，这几乎**是**他的原话。我停下来思考他说的这些，突然意识到这很有道理，尽管在那时几乎没有人认同。"游泳是有节奏的发力"，这是布默的另一条格言，一句看似无害但实际上具有很大"煽动性"的宣言，因为这意味着节奏（很少选手会关注这一点），而非力量（选手多半会关注这部分）是创造推进力的核心，节奏性好才能游得出色。好的身体节奏可以产生力量，手臂和肩膀不过是在传递这种力量。而有节奏的运动**必然**来自身体的核心肌群，而不是四肢——大部分选手所做的刚好与之相反。

布默关注游泳推进力的核心，明白游泳背后的物理知识，我们却仍然不停地在练习拍打水面。布默宣称，推动力产生在水中穿行的动力的方式并不像我们想的那样。但是那时很少有人能打开心胸接受这些论断。

你或许在琢磨，前一章刚刚讲述的流线型很有道理，是否意味着体型和平衡决定了游泳的一切。但是，停下来想一想：即便游泳速度的70%确实来自第三章教授的技巧，能让你更轻松地在水中穿行，另外还有30%尚待挖掘。而这30%就在于学会用一种更省力、有效的方式来产生推动力。

这就是我所说的消除/创造过程的后半部分：首先要消除阻力，接着创造更多动力。这正是你应该努力的方向。首先要找到在水中保持完美平衡的感觉，接着调整身体姿势消除前方水压，最后学习有节奏的有力动作。现在我们准备在你这条适航的船上安装引擎了。

不仅先做了该做的事情，还把最简单的留到最后，我们已经知道减少阻力并不复杂，那么提升动力就更简单了。如果你对其他游泳书籍中反复描述的"S形划水"、手形俯仰或漩涡模式等所有看似深奥的技巧感到绝望，我们要把这些内容变得更简单明了。

更棒的是，整个推动力发挥作用过程和之前你已经学会的减少阻力的原理相同。你仍旧要"由内向外"地游，首先通过左右翻转身体来产生动力，仅用手把动力传到水里。一旦你掌握了"消除"阻力的方法，你就已经完成了"创造"的大部分要求。所以，这不是新的课程，而是你已经熟悉的课程的第二部分。

## 用你的臀部产生动力

我接下来要告诉你的话，乍一听好像没有什么说服力：你的手臂没那么重要。当然，并不是你想的完全不重要。对于大部分运动来说——当然也包括游泳——力量通常来自下半身，而手臂只是"传送系统"。

想象一下，老虎伍兹（Tiger Woods）开球时划出的优美弧线，小威廉姆斯（Serena Williams）有爆发力的发球，贝瑞·邦兹（Barry Bonds）又一个强有力的**全垒打**。再想想，如何能将球击出300码，或者使击球过网时速达130英里，再或者让球飞出450英尺（1英尺≈0.3米）的弧线甚至飞向看台。这些与手臂有什么关系？

这些确实跟手臂没关系。在大多数运动中，手臂挥舞是最明显的动作，但并非是它在真正起作用。在一系列动作组合中，每一步都延续了前一步的动力，而手臂挥舞其实只是这一系列动作组合中最后也是最无力的一步。投手投出球，打击手的第一个动作是在远离球的方向扬起手臂和肩膀（像收紧弹簧一样的被称为增强收缩的过程，通过这种方式储存的能量随后会向相反的方向释放），接着放开"弹簧"。打击手向着投手的方向迈步，同时扭转臀部，随之使躯体发力，推动肩膀转向投球区。肩膀带动大臂，加快动作速度，大臂拉动前臂，只有在前臂加速之后手腕才能突然发力，完成像抽鞭子一样的最后动作，把球击出去。在这个过程中，肌肉力量——大部分来自臀部和核心肌群——组合产生了很大的冲击力，在最恰当的时间可以推动最大质量的物体。

那为什么同一个人，在本垒或开球区的时候，会动用臀部发力，到了游泳的时候却只会像风车一样不停地摆动手臂？一个有力的划水与一次本垒打一样，应该从有节奏的身体扭转开始，就像打击手那样，从臀部开始。还记得我们在第三章中讲的最后一个技巧吗——通过身体转动来减少阻力？就是这个转动一方面让水划过身体，一方面提供了划水所需的所有能量。是的，就是在臀部，此时你已经开始有意识地转动它了。在这个过程中，其实你是在发动身体中最有力的肌肉——臀肌，来使身体的重心左右摆动。有力的肌肉可移动质量大的物体，产生强大的动力。

手臂和肩膀部位的肌肉根本不能与之相比，这就是为什么要让臀部肌肉作引擎。想象一下，你肯定不会用雨刮器来启动车辆吧？手臂和肩膀其实是最好的稳定器，他们的最佳用途是抓水。

别的不说，用于抓水的肌肉不会像埋头苦干的肌肉一样受伤。但是把手臂和肩膀当作引擎，就一定会用力过头，短时间内筋疲力尽不过是最轻微的状况，而且最后一定会这样。你的手臂很快因为使用过度而失去动力，与此同时真正该使用的下半身肌肉却在"混日子"。更糟的是，你可能会受伤。大自然想让肩膀起连接和稳定关节的作用，保持你的手臂处于杠杆的最高点，这样它们才能更好地对抗身体转动产生的巨大力量而浮在水面。大自然从未打算让手臂连续划水几小时，毕竟我们不是河上的轮船。所以，让关节来完成水下运动，大自然迟早会发出信息，提醒你犯了大错。

利用真正的力量之源，然后静观其变。突然而至的体力，一种可以一直游下去的感觉，以及摆脱疲劳的自由，究竟来自哪里？即便是在划水后半段加快手速的小技巧，这个之前让人精疲力竭的动作——所有游泳选手都听说过并至少尝试过——也变得轻而易举。

怎么会这样？因为用手臂游泳与试图用手臂挥舞球棒一样。如果不扭转下半身释放所有动力，能打出一个软弱无力的内场地滚球就不错了。全垒打一定要依靠臀部力量，游泳奖杯也是这样得到的。游泳过程中产生的能量来自一个简单的协调技巧，即能量链以挥鞭的方式逐渐释放。具体解释如下。

一个高中物理课上学过的公式 $F=m \times a$，很可能在期末考试后就被抛到九霄云外了。现在可以把它拿回来了，这样你就会拥有新的游泳能量来源。

力等于质量乘以加速度，这就是上述等式的内容。即便高中3年都在最后一排打瞌睡，你也知道如果等式右边的任意数值升高，力就会变大。

所以，这时我们拥有两种增大力量的方式，一是保持质量不变提升加速度，换句话说就是保持身体在水中的高度，加快手臂摆动。如果你想浪费能量，就这么做吧，因为能量消耗的增量是肌肉速度增量的**立方**；也就是说，一般情况下手臂摆动快1倍，需要多消耗8倍的能量。

那么，换种方式呢？可以使划水力一直增加，而消耗的能量保持不变吗？我们能不能游得更快却不会感觉累呢？理论上可行，事实上也确实可以实现，那就是增加等式中的m值即可。一次划水推动更多身体质量，同时手臂速度不变（或许还可以慢一点），但是需要整个核心肌群提供能量。感受这种新的力量，让你的臀部成为每次划水首先发力的部位，然后感受力量的增加。

换句话说，让你的臀部决定划水节奏，这是正确动作的核心。让手臂决定节奏，它们很快就会各行其是，破坏动作链，从引擎中脱离，那么身体就会变成一辆失去传动系统的车。让臀部先发力，你的动作既有力又有节奏，手臂也乐于随之运动。

## 它们不再是手而是锚

"好，很好。"我听到有人嘟囔，"手不重要，手不用拉着我们在水中前进，尽管这是我们从小就学习的游泳方法。但是它们一定要做些**事情**，做些什么呢？"别担心，我并非是在支持不使用手的泳姿。但是因为它们的影响力小到只有10%，所以我想要留到最后再讲。我反复提到，游泳并不复杂，复杂的是游泳**指南**。游泳指南之所以复杂，部分原因是游泳教学总是长篇累牍，且一下子全都教给你，没有重点。举个例子，如果你太早关注手的动作，你就会忽略更重要的身体动作。然而，只有你的体型、平衡性和有节奏的力量全部到位了，你才可以思考如何更好地利用手臂末端的这个附件。

最好是随它们去——不仅是好好待在手臂上，还要在水里。之前我都在质疑用手向后划水的过时理念，但很多人却不为所动，现在是时候解决之前的问题了。那么手可以用来**做**什么呢？我的答案是：**让它们保持静止**。把手固定在水中，所有伟大的自由泳选手都是这么做的。

亚历山大·波波夫（Alexander Popov），这位世界著名的短距离自由泳选手，甚至做得更好。每次划水，他都让自己的手向前越过入水点。手划入水中之后，他会紧紧抓住水，用这个抓力带动身体，好像抓住了水下梯子的横档。保持手在水中不动，是世界级游泳选手的秘诀之一，一些人甚至天生就会。这并不意味着我们普通人就学不会。

我能肯定，现在听到这样做也要从臀部转动开始，你不会感到吃惊。但是此时事情就变得更有趣了。一般来说，只有反作用力的存在，力量才能发挥作用。如果在每次扭转的开始阶段你没有用手来稳定上半身，臀部的扭转就没法产生强大的力。所以，一开始伸展手臂向前，接着让它们保持不动，这样一个动作组合不止会"让你的船体更长"。首先，你不会再用无力的肩膀肌肉去拉动身体，这个动作除了浪费能量几乎没什么作用，更不用说产生力量或是杠杆作用了。其次，它会让你"按压弹簧"，为接下来的划水储存能量。还记得打击手扬起手臂和肩膀远离投手，然后用臀部的扭转来放开"弹簧"的过程吗？高尔夫球选手和网球选手的回摆动作也是源于同样的原理，在核心肌群储存能量，就像在射箭的时候拉紧弓弦一样。

划水的时候也是一样，你的手进入水中，在水面下向前触碰——这里**触碰**的意思是，像伸手去够高架子上指尖很难碰到的某物一样。第二步，在手尽量伸向远处的同时使身体转向同侧，手臂稳定就位。此时，在手臂固定的同时转动核心肌群，这样上半身会愈发紧绷，就像高尔夫球手挥杆的动作那样。高尔夫球手此时还在为下一个动作积蓄能量——

扭转臀部开球，游泳也是如此。

亚历山大·波波夫完全了解这种感觉。如果你走到墙边，一会儿你也能感受到。面对墙站着，伸出右手，尽量向上举，然后转动手肘稍稍离开墙面。你会感觉腋窝附近的肌肉在伸展。转动左侧臀部和肩膀与墙壁呈45度角，此时你会感到力量在你的背阔肌（腋窝下方的背部肌肉）——而不是无力的肩膀——积蓄。波波夫就是这样开始划水的。

这就是为什么要稳定地抓水，这与伸手到车窗外推动空气一样。经过练习，你可以在整个前行过程中一直保持这种压迫感。

就是这样。如果手在进入水中后立刻向后甩，不过是做无用功，只是在一次又一次地把水向后拨而已，如同使磨平的轮胎在冰面上行驶。反之，手滑入水中，保持稳定为前行做好准备，手臂向下后方移动的同时保持控制力，利用身体中扭转的肌肉而不是肩膀发力。恭喜你换上了摩擦力强的雪地胎，获得了V8发动机的四驱动力。

但是依然要注意收手的动作。调整手的速度，手回拉的速度与身体前行的速度要匹配。手的速度不能比身体快，一直练习直到两个速度相互协调。

最后一个"异端邪说"：你的手从一边到另一边，只要呈一条直线即可。所以，如果身穿白大褂的游泳理论家拿着写字板和教鞭紧跟着你，唠叨S形划水、内划、外划、入水角度等，告诉他们你不挥手，你也不是投手，你只把手径直地划回身体后下方（就在身体中心的下方），并越过臀部。如果这对约翰尼·韦斯默勒（Johnny Weissmuller）有效，那么对我们也有效。不要还想着每次划水结束的时候把手切回臀部外侧。让手沿直线越过身体。如果臀部以应有的方式移动，它就会转向一侧，正好不会挡住手的动作。

但是记住，首先要把自己当成一叶扁舟，接着发动身体引擎，之后才让螺旋桨起作用。不要把有限的训练时间过多地用在手部动作上，最多10%就够了。它们不过是台词的脚注，而一开始要关注最重要的动作。本书贴心地为你安排好了所有的训练，请先做该做的动作。

我们一起来看看吧。

第五章

# 大胆一点　尝试全新的训练方式

　　读到现在，有一点应该已经明确了：如果你期待本书教授一个又一个"冠军体能训练法"，那就找错地方了。实际上，作为一名专业的游泳教练，我可以负责任地告诉你：如果有一件事肯定会破坏你的姿势，让进步停止，那一定是**体能训练**。

　　想想吧！传统意义上的体能训练，就是更努力或更持久地训练你的心肺和肌肉，使其忘记疲劳。这意味着游更多趟，或是每趟游得更努力，甚至两者皆是——精心设计的疲劳感。这种传统体能训练的意义是拼尽所能让自己筋疲力尽；当你成功地让自己疲劳后，之前一直努力实现的进步——平衡、流线型和延长身体——直接被抛到了九霄云外。一旦你的注意力分散或决心减弱哪怕一点点，就又会回到之前费力搅水的窘境。

　　对你的游泳来说，只要**拒绝那样的方式**，哪怕从现在开始，都能改变糟糕的动作。不只是一次划水的改变，而是再也不要像以前那样游。但是，这种改变不是自然而然的。所以即便全浸式游泳训练法不会让你投入无休止的训练，但也可以确定仍有很多练习要做。原因如我们之前所说，让游泳发生翻天覆地的变化所需的技巧——动态平衡、前方象限泳姿和侧身游——不是靠直觉就能掌握的。你必须有意地那样游，甚至学会之后，这些技巧仍旧是陌生的，对你的神经系统来说仍然是奇异的指令和搞笑的动作。而你的任务是改变这种陌生感，让它们成为另一种天性。这就意味着，如果你不能只满足于理解什么是高效游泳，如果你想**一直**都这样游并且形成固定的习惯，就必须**练习**具体的技巧来调整你的划水动作。通过练习再练习，把它想象成一种全新的针对神经系统而非心肺系统的训练。

别担心。这不是一个"安慰奖"，不是在假惺惺地安慰那些不再年轻、没有体力或游泳基因，以及那些不能连着数小时"真正"训练的人。实际上，真正理解游泳的冠军们采用的就是这种训练方法。亚历山大·波波夫曾是世界上游得最快的人，他以非同一般的效率连续称霸世界泳坛11年，直到2003年还获得过两个世界冠军，取得了前所未闻的佳绩。

但是，就在1988年至1992年近五年的时间里，这一称号被美国泳坛名将马特·比昂迪（Matt Biondi）当之无愧地牢牢锁定。比昂迪比他的对手都要高效，他在自己的专项赛事中所向披靡。1992年奥运会上，他宣布这是自己的最后一届奥运会，冠军的继任者毫无疑问是波波夫。波波夫的教练长年拍摄和研究比昂迪的划水动作——那是世界上最高效的——以给这位泳坛新星树立榜样。师徒二人无休止地训练，直到波波夫能像比昂迪一样划水。

最后的决战在巴塞罗那奥运会50米自由泳决赛的泳池中展开。这项赛事是终极速度的实验室，是最纯粹的短距离赛事——游完一个泳池长度，没有转身，20秒内决出胜负。波波夫和比昂迪的赛道紧挨着且位于泳池中间。他们站在出发点，随着发令枪响，池中争夺开始了。波波夫首先碰壁，用时21.8秒，比昂迪紧随其后，用时22.0秒，新的奥运冠军诞生了。让统计家们吃惊的是，波波夫不仅轻松领先，而且在比昂迪最擅长的领域——划水效率——也取得完胜：波波夫划水34次，比昂迪则划了37次。时间只差1%，但是3个动作的差距，10%的**效率差**，在两个世界顶尖的短距离选手之间拉开了难以置信的距离。

这不过是效率新标准的起点。那年之后，波波夫继续统治短距离赛事，一次又一次提升效率和速度的标准。没有新选手能撼动他的统治，因为波波夫能够以少量的付出游出惊人的速度。其他人都在埋头苦练，效率职业选手波波夫看上去不过是在泳池中庄严地出巡。

冠军给我们上了非凡的一课。假如他只是和其他人一样游，一心在泳池中翻腾数小时（其实就是体能训练），绝不可能养成高效划水的习惯，最后只会泯然众人——而且是一众优秀选手。相反，波波夫不断练习精细技巧直到成为固定习惯。比赛日，他的氧债上升，心跳加速，肌肉抽搐，对手也是如此；其他人的动作都变形了，尽管只有一点点，波波夫却依然保持完美，这一微弱优势就足以让他屡战屡胜。波波夫的全胜战绩，证明了**练习**胜过体能训练，神经系统至少要和心肺系统一样得到锻炼；要有技巧地练而不是蛮练。

# 学习与训练：我们怎样构建技能

全浸式学习系统优于其他成人教学的地方在于，它是唯一一种能让我们取得最佳的新技能学习效果的碎片化教学。对你的身体来说，让手臂变强壮与教会手臂肌肉高效划水，是两回事。这个技能包括感觉、习惯和起初感觉别扭但必须变得自然的动作。所以学习一项技能最好的方式是一步一步来，把艰巨的任务分解成容易掌握的一个个小步骤，接着逐渐将掌握的所有部分重组。鉴别是否掌握技能的最有效方式就是感觉。训练过程中的每个练习动作都是经过设计的，目的是让游泳新手也能领略到像游泳冠军那样划水的关键点是何种**感觉**。到目前为止，每个游泳专家都能向你描述奥运会游泳选手划水的**样子**。样子很难模仿，但是描述感觉就容易多了。

然而，不断重复同一件事情不会让你成为任何领域的专家，即便是自由泳的划水动作。我们都听过这样一个故事，一位倒霉的先生拖着一个小提琴盒在纽约57街茫然地晃悠，终于他拦下一位行人问："麻烦你告诉我怎样才能进入卡内基音乐厅？"

行人语带讽刺地回答："练习！练习！再练习！"

答案简短，但只对了一半。如果他**确实**练习了，但是没有仔细倾听；假如他每天只是用琴弓摩擦琴弦，却不管发出的声音多么难听，他会因为自己的手臂肌肉有型以使第二天可以继续制造噪声而感到高兴吗？

荒唐吧？先别急着回答，你敢肯定，这不是你和身边大部分的人一直以来练习游泳的方式？音乐家把重要的排练时间用来创造美好的旋律，练习的质量远胜过练习的数量。游泳选手也应如此。我们必须明白，练习，不管练什么，最终都会成为习惯。不管好坏。

如果你的选择和其他大多数泳者一样，那么提升有氧运动强度就是你的头等大事。当然，这就意味着要让心脏在有氧强度范围内持续工作约1小时。实际上，把游泳作为体能训练的话，可以达到提升心率的效果。如果你的有氧训练强度是120次/分钟的心率，正常心率是80次/分，1小时的体能训练会增加2400次额外心跳。这1小时用于跑步之类的非技术性的运动，可以获得很好的回报。但用在游泳上就错了。

在水中，你应该记录的是这2400次心跳过程中2000次左右的划水动作。每次划水都会在你的中枢神经留下痕迹，形成一种动作模式——即**习惯**。如果你已经游泳好些年，划水习惯就会很牢固。现在停下来思考：既然如我们之前所述，2400次"有力"心跳只能影响游泳的30%，而2000次"技巧"划水决定了游泳技能的70%，哪一项更值得关注？是的，你已经开始像全浸式游泳选手那样思考了，对于你来说游泳是一种肌肉记忆，而不是肌肉力量。

肌肉记忆，用教练的话来说，就是你已经烂熟于心的习惯性的动作模式。多亏有肌肉记忆，你才能不假思索地骑自行车、系鞋带或在电脑上打字。一旦你学会了一项技能，就可以让肌肉做主了。不幸的是，如果你学习了错误的动作，它们也会照单全收；而且不要指望它们会主动想办法放弃坏习惯。

肌肉记忆就像一张被播放过千百次的黑胶唱片。唱针循着唱片的纹路，反复播放加深着纹路。运动时，你的肌肉和神经系统的"纹路"越来越深，直至自动做出同样的动作。如果你的划水效率很高，那很好；如果不是，那就糟糕了。长时间的练习达到一定程度，糟糕的划水动作将很难改变。

但也不是完全不可能。改变低效的坏习惯，用新的好习惯取而代之，其中的关键是下定决心先清除旧的，给新的让出位置。训练时，你必须保证2000次划水中的每一次都尽可能像高段位选手那样经济有效。稍有差池，就会离成功游泳更远一些。

那么，为什么大部分训练体能的选手，甚至在教练指导下冲击奖牌的选手，依然要花费大部分的时间在池中苦练——尝试游**更多**趟或游得**更努力**，甚至减少休息时间来提升体能呢？因为他们在走下坡路。在注意力下降、身体疲劳的情况下，试图提升速度或跟上其他选手，最终会让效率逐渐降低；他们是在练习犯错。

今天开始改变吧，从严格训练体能的泳者，变身为**实践型的**泳者。对于进行体能训练的泳者来说，划水不过是从泳池的一头到达另一头的工具；每一趟**才是**关键，游的趟数更是神圣的数据。但实践型泳者清楚地知道，每次划水才是对未来游泳技能的投资，每一趟都是一次机会：要么让动作成为顺畅运行的机器，带你更快更远地前行；要么变得使人筋疲力尽，一团糟。实践型泳者没有更用力，相反，他们追求用同等甚至更少的付出获得更多的回报。

在上述过程中，你的肌肉力量会发生奇怪的转变，就像波波夫一样。尽管这不再是你的终极目标，但力量确实在增长，不过最终变强壮的是那些能让你高效前行的肌肉。波波夫也是通过**练习**才变成了世界一流选手的。在练习过程中，他的肌肉变得足够强壮，使其可以去打破世界纪录。这种练习方式是让生理机能得到最大限度的发挥，不再关心游了多少码，而更关注每次划水前行了多少码。你还是可以得到这额外的2400次心跳，你的肌肉也仍旧还是会变强。没有任何损失。

## 让 2400 次心跳起作用

全浸式周末游泳班的学员，在我数小时的耐心解释后，已经接受了全浸式的理念，包括游泳"成绩"的70%来自技能效率，30%来自体能；练习比体能训练更有价值，以及体能是"练习正确技巧的副产品"等。但可能依然会有人好奇，想知道到底一个游泳选手需要有多强壮。因为总是有人问："你说的都没错，但是我一周需要游多少码才能完成铁人三项中的1500米的游泳比赛？"

体能确实很重要，我们也跟他们这么说了，很重要，但不像你想的那样重要。达到最佳体形的目的不是为了成为强壮的运动员，而是要成为精准的游泳选手——这样你才能不断运用高水平的技巧以更快的速度和心率完成长距离的比赛。所以我们的教程以最简单的方式开始：练习高效的动作完成短距离的练习，同时维持低速和低心率。在这个过程中逐渐构建**保持姿势**的能力，然后游得更远、更强、更快。这听起来很像赛跑训练，不是吗？

所以，体能的最大作用是帮助你保持姿势。但不是所有的体能都发挥同样的作用。我有时会在夏天参加成人游泳锦标赛。在进行地区或全国性公开水域比赛之前，通常会进行几个月的紧张集训。夏天之后，我就会减少游泳，开始每周几次的跑步训练以改变节奏。每次这么做的时候，不管我多么努力，我在水中的体形多么好，肌肉都会粗暴地提醒我，作为跑步者，我还只是个新手。

在泳池中改变游泳姿势的时候，也有同样的事情发生。如果我大部分时间都在做自由泳的训练，那蛙泳前半程能保持不错的感觉就很值得庆幸了；后半程往往会沦落为绝望的挣扎，因为未经训练的肌肉纤维会接连罢工。蛙泳动用的肌肉和自由泳不同，如果它们不习惯新的动作，就没法维持很长时间。

现在，让我们来把指令再精简一些。好的自由泳姿势和坏的自由泳姿势动用的肌肉也不相同。糟糕的练习会训练到坏的泳姿动力的肌肉，让它们逐渐定型。相信你能猜得到接下来会发生什么。竞赛的时间到了，可以说是一个比平常时间更长的训练；你的大脑出于好意，会给身体正确的鼓励（"好，现在，我们要真正保持好的姿势！"）。但是如果你没有训练过好的泳姿动力的肌肉，它们会立刻回答"不可能！"，你就只能继续保持"糟糕的游泳"。

没人能够摆脱上述困境，不管是为了速度还是距离而游泳。最快的速度或是有效的耐力，不可能通过"替身"肌肉来实现。如果你在大师赛上于60秒内游出100米，此后想要达到58秒的速度，首要目标是训练自己在前进的每时每刻都保持高效，这样才能提升2秒甚至更多。或者你在36分钟内游完了1500米的铁人三项游泳赛段，进而想要把速度提升至30分钟内，办法就是**在更长的时间内**维持高效的状态。如果你习惯了在300米之后动作开始变形，但也能在最后的1200米保持正确的泳姿，那么在越过终点线的时候你将筋疲力尽，无法进行接下来的项目。除非你能像波波夫一样训练保持正确姿势的肌肉，不然上述情况就无法避免。

不是只有肌肉在推动每个动作的完成。你觉得一开始的动力来自哪里？没错，是神经系统。尽管这部分的训练总是被忽视，但神经系统却一直在记录1小时中你在泳池里的所作所为。一趟又一趟，它有选择性地召唤肌肉"动力组"以某种方式移动你的四肢，并随着此过程不断学习。就肌肉本身而言，你不是训练它的习惯性高效，就是习惯性低效。让你的效率贯穿训练始终并成为一种惯例，这就是神经系统会记录下来并在下一次重复的内容，再下一次也是如此。它会记住的，因此要确保它记录下来的正是你想要的。

## 通过成功的训练进行技术学习

铁人三项比赛的新晋选手往往会感到惊讶，尽管二十多年没碰自行车，他们依然能够轻松驾驭，感觉从未离开过赛场。没有生涩，不用再学——嗖！出发！那是因为，这么多年骑车的技能并没有丢，只是被储存起来了。我们轻易可以唤醒这项技能，因为它相对简单——周期性的、有节奏的、手脚固定于某处。你只需要再度打磨平衡和转向的技巧，而且这也不需要很长时间。因为我们学骑车的时候已经在神经系统里留下了强有力的永恒印记。骑车这张黑胶唱片的纹路已经很深，唱针也不会跳掉，播放它轻而易举。

游泳，与之完全不同，网球也是。尽管表面上看，几乎没有什么能把这两项运动联系起来，但实际上它们有很多共同点，比大多数运动员乃至教练能想到的都多。实际上，理解身体如何很好地学习一项技能，以及为什么全浸式训练在加速学习进程方面如此高效，最好的方式是观察一个学员如何在好的教练的指导下学习网球。

首先，我们来介绍一些基础知识。网球和游泳都是运动技能类项目，同时也需要一定的力量和耐力。游泳这项运动的技能和耐力的结合能让你在泳池中更快、更长、更容易地移动；网球场上，技能能把球送到你想要的地方，与此同时耐力帮你在追踪回球的同时抑制疲劳，防止动作变形。

所以，你可能会认为，游泳和网球选手会互相学习有用的训练技能，但他们没有。你可能会认为他们意识到了两项运动的相似之处——或者应该意识到，但他们没有。游泳选手试图通过更多趟的游泳去提升，但并没有得到提升。

网球选手更快地明白了这一点。很多选手从"放手去做"开始，找到一位有耐心的搭档，在搭档的配合下反复练习击球。这样通常不会走得很远。尤其在一开始，只能花费更多的时间去追赶不受控制的球，根本没法击球。他们很快明白：如果连球都不能控制，球技不可能有多少提升。

所以他们报名参加网球职业选手的课程。"职业选手"，毕竟，听起来特别专业。"教练"一词，在游泳教练这个概念里，意味着一位只会告诉你怎么累到出汗的人。两个词的不同，揭示了网球场上和泳池中的训练的不同，且鲜有例外，网球选手因此占尽先机。

网球职业选手明白，对于学生来说，最重要的事情是教他们，而不是训练他们。学生们要掌握在赛场上有竞争力的技能，而职业选手的任务就是帮助他们更快地学习，消除学习中的疑惑。这意味着要从尽可能简单的动作开始，即基本动作的分解步骤。比如，教授正手的时候，学生脚部要扎稳，站于一处，握紧球拍后撤；同时教练抛出高球，球缓缓地反弹至腰部，甚至直接飞向球拍。轻松完成一个成功的回球。

即便如此，一开始的10次或20次回球都是笨拙、机械且错误百出的。渐渐地，动作越来越流畅，准确度更高，也更稳定。学习和调整开始了，此时肌肉和神经开始分辨和记忆哪些挥拍会成功，哪些不会。如果球飞过界，学生会"消除"这次挥拍的肌肉记忆。如果球落点是自己想要的，就会反复重复这样的挥拍动作。他们不仅可以看到，还能感受到自己的成败。"嗖"的一声，未击中的球拍在手中颤动，而精准的回球会"砰"地正中球拍中心，手感和声音都是确定且真实的。每一次这样的经验都会被"写入磁盘"，成百上千次这样的动作技能"实验"最终在神经系统中形成正确动作的神经肌肉数据库。当然，其中只有一两次能击出好球，所以渐渐地肌肉会分辨出好球动作和坏球动作。这时才能看到巨大的回报，而且这种回报已经成为肌肉自然而然的动作。第一步已经完成。基本的正手回球已经刻入肌肉记忆中。

学习任何新的动作技能的过程都与之类似，都是一种解决问题的试错练习。但是太多的错误会让人沮丧，热情会逐渐消散，随之丧失进步的可能性。秘诀是练习你能做的，而不是你做不到的。一个能够轻易掌握的基本技能会成为进阶动作的跳板，以此类推，每一步都是这样慢慢实现的。

所以，网球职业选手会在第二步安排对打，此时的训练才像真正的网球比赛。这应该很有趣吧，学生一开始会这么想。刚学会的漂亮且流畅的动作组合又开始变形，因为她在挥拍击球之前开始回想球的落点，然后思考击球之后该做什么。头脑和肌肉都在观察球的抛物线和方向，计算落点，冲向落点，脚部和躯体就位，在球落地之前挥拍。只有那时才开始使用刚刚熟悉的基本技能——回球。此外，他们还需要依据球的落点和球速为每一次击球建立独一无二的新程序。多次进行类似的课程之后，才能开始参加初级的网球比赛。显然，通向构建技能世界的唯一途径就是阶梯式的学习和练习，引导学生逐渐掌握技能。

这恰恰是大部分游泳教学所缺乏的内容。游泳教练们花费太多时间来进行体能训练，太少时间去组织教学，以至于很少有人真正去思考，如何把复杂的运动分解为一系列让学生能够逐渐掌握的基本动作。相反，他们的动作指导没有针对性，没有形成可以很快掌握的一系列"成功课程"，也无法为学习下一项技能打下基础。他们的学生花费太多时间完成整个划水动作，却从未流畅地完成划水的每一个步骤。而我们的全浸式游泳法，更像网球教练的做法。

不过，这里有一个关键的不同之处，那就是网球选手有一项优势：他们可以看到练习的结果，而且是立即看到——球的落点是否正确反映了练习的效果。游泳选手没有如此明显的指标，除非有人站在池边，像个教练一样冲你大吼大叫，不然你只能依赖身体在泳池中的感受来自行判断。所以你的技能练习必须要有"感觉反馈"，让你的神经成为你的教练。

让我们回到能够实现的最关键的进步上来——让身体平衡、稳定。这不是天生就存在的，感觉也是不自然的。大部分人要花费数年的试错练习才有可能找到自己的平衡性。我们的技能练习绝不会让你在试错上浪费时间，我们将通过告知你如何达到某种感觉，让你很快完成学习进程中的每个关键步骤。举个例子，你可以在30分钟乃至更少时间内学会平衡。一次又一次的练习，摆脱长时间实验的死胡同，全浸式的学习过程让你变成挂上高速挡的汽车。

这就是全浸式游泳学习方法。现在你应该能意识到，技能而不是体能让你游得更远；你不再重复体能训练，而是开始练习技能。你会经常提醒自己："**体能是练习正确技巧的副产品**。"同时不断地练习，因为积习难改是常识，旧的肌肉习惯尤其如此。如果你已经自己游了好多年，你很可能是低效地游了很长时间以至于身体已经习惯了低效运动。想学习高效的游泳，你必须先忘掉已经习惯的动作，不再重复过去的习惯。每用坏姿势游泳一次，就会增加提升的难度。

而我们可以确保你不再用错误的泳姿游泳，方法就是网球职业选手一直使用且已经完善的逐步训练策略。在构建良好技能方面，球类运动不应该比水上运动享有优势。网球选手或许更快觉醒，但有了全浸式，游泳选手也可以这样。

网球教学如此成功是因为它精确设计了一系列容易掌握的技巧，可以逐步形成更流畅有力的运动。现在也能以同样的逻辑逐步学习高效的游泳方式，那就是从神经系统的好朋友开始：技巧训练。它能让复杂变简单，使令人望而生畏的动作变得亲切，让难的变容易。在下一章中，我们在泳池中进行的技巧训练就要开始啦。

再见了，"教练"。欢迎开始你的"游泳职业选手"课程。

第六章

# 技巧训练　学会更快划水的最快方式

　　有时，我认为，如果任由游泳专家作主，唯一敢于穿上泳衣进入泳池的人，只能是以奥运会为目标的精英运动员，或是没有任何进取心的孩子。因为这些"专家"总会告诫我们：只有巨大的付出，才能换来一个高效的划水动作。那么多动作要去协调！那么多走向错误的方式！难怪只有无止境的练习才能达到足够熟练的技能水平。为什么奥运会选手通常在离开幼儿园之后不久就要开始训练？他们那时还不过是七八岁的孩子！并且即便在那时，也需要大约五年的时间反复锤炼基本技能，之后才会突然萌发力量与耐力的训练灵感。

　　这些方式都是垃圾。一个渴望进入奥运赛场的人或许需要付出这么多，而我们这些普通人真的不必如此。况且，对于没有机会在幼年时期就开始练习游泳的成年人来说，上述方式根本**行不通**。所以，既没有专业人士指点又没有足够的时间，成年人游泳的希望就只能寄托在一趟又一趟的翻腾上，希望划水动作随着里程的积累而提升。但事与愿违，如我们前一章所说，他们在不断地练习错误，以至于使结果更糟。这样游得越多，他们以后就越难振作，最后可能是这样一种状态——我的学员幽默地称之为"无可救药的平庸"。

在过去，摆脱那些糟糕习惯的唯一希望是找一位好教练，而现在不需要如此。有很多方法可以让你扭转局面，开始靠自己的努力提升技能，那就是接下来的几个章节中我们将教授的方法。

第一步，我称之为划水救星，或者叫技巧训练。把这当成你的蝙蝠侠，你的对手小丑就是糟糕的游泳习惯；完全根除它们，自然而然地替换成稳固的新习惯。毫不夸张地说，技巧训练是掌握游泳最快且最有效的途径，是我二十多年成功帮助各种学员获得大幅提升的核心。这些训练方法很容易学（这是原因之一），所以即便是最生涩的泳者也能变成自己最好的教练。

即便你多年来一直备受打击，经过这些技巧训练，也能在数小时内极大地提升你的游泳水平。如果只是漫无目的地在池中艰难行进并不断重复错误，提升则绝无可能。

传统的游泳教学过程往往耗费数月，让人疲劳又沮丧。技巧训练通过加快学习曲线起作用，这一点至关重要。杰出的游泳选手，看上去似乎天生就能优雅且毫不费力地滑行，而即便是他们，很可能花费数月甚至数年不断打磨，才能练就那芭蕾舞一样流畅的动作。有时候教练的指导能起作用，另一些情况下，有出色的直觉就够了。但不管是哪种方式，过程都是一样的：随着时间的推移，他们偶然发现了一些突破性的时刻，当他们的击球感觉恰到好处时，身体会立即抓住这些时刻——就像网球学生的身体一样，将其储存在一系列类似的如何移动的经验中。最终，这些体验变得足够全面，进而形成一种极度流畅且高效的游泳方式。

这是一个不会真正结束的过程——也是游泳最让人兴奋的一面。好的技巧可以说是没有上限的。不管你是刚开始"划水"，还是想要在国内赛事中有所斩获，都有提升的空间，只是需要改进的部分会愈发精细。1988年获得7枚奖牌的傲人成绩之后，马特坦承："我仍旧把每次练习看作学习的过程，因为我意识到，即便在当前阶段，我也只掌握了高效游泳的十分之一而已。"

但是，试错是非常耗时的学习复杂技能的方式——每个自学网球的人都会这样告诉你。因此，全浸式游泳教学把这种毫无章法且痛苦漫长的过程进行了重组，将其变成一个精挑细选的循序渐进的训练系统，让任何泳者可以通过有序的、方便的且可靠的方式重新打造和整合自己的"学习片段"。突然间，你可以随时调取那些"协调同步"的难于解释的感觉，而以前总是不经意才能碰上。最棒的是，你可以反复练习这种感觉。

不过，谁都明白，部分仍旧是部分，除非把它们重新组合。完成练习中的分解动作且反复打磨之后回到泳池，你的身体会自然而然地把它们组装成一个更好的整体。你的神经末梢通过"拍摄"知觉片段进行学习，然后把它们组装成一个完整的相册，也就是你的划水动作。那些感觉就是职业游泳选手轻松划过水面的感受。

现在，如果你怀疑我们不过是把学习过程通过分解和重装拉长，那就来了解如下4个物理事实，它们足以证明技巧训练是一项提升划水的有效工具。

**事实一：你的肌肉需要一剂健忘药。**我们都知道，肌肉是有记忆的。习惯的惯性很大。而你多年来的划水动作最终会形成：一种习惯，而且很可能是不好的习惯。因为你在泳池中挣扎了这么久，你的肌肉做起错误的运动来可以说是游刃有余，它们想要继续那么做。

划水训练足以打破习惯的循环，因为它们会伪装。它们与正常的动作是如此不同以至于你的肌肉没有意识到这是划水动作，也就没法继续维持旧习惯。这样的练习就像在白板上作画，不需要擦去任何其他内容。

**事实二：碎片更容易吸收。**学习专家告诉我们，把复杂动作分解为一系列可掌握的练习片段，可以让我们更快地学会一项技能。游泳动作由很多精密协调的部分组成，囫囵吞枣几乎不可能。所以，全浸式的划水训练"一学即会"，它把整个动作分解为一系列小技能，每一个都能很快掌握；接着把这些技能模块组成新的有效的动作即可。每个训练都针对核心技能，并且以身体能够理解的顺序呈现。就像盖楼一样：第一个技能是地基，随后的每次训练都是向上加盖的楼层，掌握每一步是下一步的关键。

事实三：**不是试错，而是尝试成功**。训练的进程以你喜欢的方式推进。你不会失败。因为轻松掌握小的技巧，你就可以很快开始练习流畅的动作。每个流畅的动作练习得越多，就越有可能养成新的习惯，同时排挤掉旧的坏习惯。越少时间练习旧习惯，就越能更快地提升游泳水平。一连串的胜利成果会让你信心大增，有更多动力去游泳；同时研究显示，当你对自己的行为充满信心的时候，学习效率会更高。

事实四：**这是身体能够理解的语言**。告诉肌肉做什么，有点像跟你的狗说法语：虽然它会全神贯注地听，但是不能维持。传统的动作教学就存在这种过分理性的缺陷——试图通过意识影响肌肉，即便肌肉没法对这种教唆做出好的反应。想想吧，你要先去倾听，或者去解读即将尝试的动作描述；随后，试着弄明白动作的感觉如何；接着指导肌肉去模拟那种感觉。最后，问自己是否做对了。如果没有，再进行不同的尝试。

全浸式训练绕过了上述所有模糊的转述，简化并加快了学习进程。从一开始，你就要让自己的身体去**体会**游得好的感觉。

最棒的是，技巧训练可以自行调整。你越需要它们，它们就越能发挥作用。新手练习的时候，会粗略地学习基本技能，技术很快会变得精准。有经验的泳者，进行同样的训练，自然需要更精细的调整，让已掌握的技能更加娴熟。

而且，你越需要学习，就越需要训练；如果你已经明确自己所需，训练量应当是平时的4倍。这或许是直接针对顽固性坏习惯的唯一办法，因为习惯经过多年的积累几乎牢不可破。你可以这样想：每一趟你能很快掌握的训练，对你的游泳技能都有正面的强化作用，而每一趟单纯的游泳则会把你拉回过去的坏习惯。我让学生自己揣摩："在学习新技能的过程中自己可以**承受**多大的游泳量？"

尽管各有不同，但对大多数人来说，全浸式训练都能在短时间内发挥作用。我教过的**每一个人**都取得了进步。我想不出任何其他游泳教学方法能达到这种效果。而且它们会更快起效，如果你能做到如下几点：

1. **游之前先想一想**。每次训练都是解决问题的过程。当你解决问题的时候，没有什么比耐心与恒心这两项优秀的传统美德更重要了。在按照全浸式体系进行新的技能训练的头几个月里，按照如下步骤进行：**首先，重复几次**，让你的肌肉记住训练要解决的问题，比如在翻转身体呼吸的时候一起移动头部和躯干。**接着，再重复几次**，训练解决问题的动作。**最后，再重复更多次**以"记住"这个解决方法，让它变得自然。现在你已经"拥有"了这项技能。

2. **带着感觉训练**。这些训练让你的肌肉发起与大脑的对话，而不是反向运作。如果你的大脑倾听到了，就能明白在做对的动作或技能时应该是什么感觉。大脑学会之后，就能自动重复。感觉对，那就对了，意识–肌肉的连接就能开始顺畅运行。所以在任何新技能训练的开始阶段，坚持10～15分钟，让新的感觉刻入记忆，让大脑可以去感觉它而不是思考。不要太刻板。每次都可以进行细微的调整，看看自己到底有多大程度的控制力，以及每次动作微调时会发生什么。最终你的身体将从意识中拿回控制权，可以自然轻松地完成过去聚精会神才能完成的动作。

3. **不要让自己陷入训练的黑洞**。马拉松式的训练很容易带来伤害，成为过犹不及的典型。如果你因为疲劳无法集中精神，就不会有好的成果；只有正确的训练才能形成正确的技能。每次练习25码，**中间休息10～15秒**。每次重复都应该感觉更顺畅和放松，更精准且更省力。如果没有这种感觉，重新阅读教学指南，或者回到之前的训练中再次进行修正。

4. **试着游一次来检验训练效果**。新技巧的训练最多需要10～15分钟，接着以来回成趟的游泳代替反复训练，让每段游泳更有效——用更少的划水动作——并且感觉更轻松。比较训练与划水的效果：这次训练中什么感觉更好？好，试着在划水中更多地重复那种感觉。比如，在按压浮标的时候，你的臀部和腿部会突然有对的感觉——它们划过水面而不是拖在身后。集中精神，感受游泳时臀部和腿的动作，想象你像波波夫一样在水中前行，保持这种感觉。持续的进步不可能一蹴而就。

5. **如果脚蹼合适**……这是个悖论，全浸式训练的目的是让你的身体获得很好的平衡，进而不太需要通过打腿去游得好。要防止无力的打腿拖累你的速度。但为了更好的训练效果，你还是需要一些腿部的推进力。因为你的身体训练的时候比游泳的时候移动得更慢，因此在水中的位置也更低，此时稍稍打腿能改善这一状况。如果你的打腿很弱，可能会挣扎着保持正确的身体姿势以至于没法集中精力训练。踩上一对脚蹼，能让你把注意力放到每个训练的关键点上。顺便说一下，对训练来说，一片式脚蹼远胜过分片式的所谓的速度脚蹼，尤其当你的脚踝不够灵活的时候。

# 训练与游泳：适当的组合

在我的教学中，技巧训练从不缺少魔力，甚至可以说是最佳的提升方式。但只有很好地融入整体的游泳动作，它们才能发挥魔力。就像拼图的每一片都有自己特定的位置，技巧训练的每一步也是如此。没有计划的训练会让你全盘皆输。

训练，如你所见，是游泳的最大诱惑：它们是如此诱人，以至于你会失去对其他部分，如游泳本身的兴趣。我见过很多人变成了最棒的训练参加者，但在划水方面却鲜有作为。他们让好的训练止于训练本身。

如果你想身体健康，这倒也不是坏事。训练本身就是很好的锻炼，有时甚至比游泳更像锻炼。实际上，仅仅通过训练你就能轻松维持好身材，而不用完成一个传统的划水动作。但是，这样看起来，不就像是把所有部件小心组装成一辆经典敞篷跑车，却不想着把它开出去吗？是的，训练可以很有趣，也确实为单调的旅途——在水池中盯着黑线来回游——增添了有趣的风景，但是我们不能迷失方向，误入歧途。

训练可以构建技能，但是如果能把它们以一个有序的方式融入技能，且与游泳交替进行，就能达到最好的效果。记住，训练是教授肌肉新动作最简单的方式；也是放大感知能力，告诉自己游得好的最佳方式。与游泳交替进行会让你的训练对动作的影响力发挥到极致。它们会给你竖起**知觉的靶子**，一种你要寻找的感觉。当你找到感觉，就能更好地进行游泳训练。

你的全浸式学习会稳定且可靠，因为我们组建了感知训练的逻辑性序列，能让身体以它想要的方式学习。每个感觉技能都是建立在上一步的基础上的，例如，在获得平衡之前不能延长你的动作。

耐心点，训练–游泳的组合会起作用的。实际上，它不会失败，因为这是自然的学习方法。你的身体就像一台直觉很棒的乐器，对自身所需会有精确的感知——只要获得足够的信息。在训练–游泳的过程中，你会感受到状态最佳的阶段，逐渐捕捉这种感觉并把它变成习惯。但是要记得：这架学习的乐器，只有以自身的步调来学习，才能获得最佳效果。所有的坏习惯不是一天养成的，所以新的习惯也不是一下子能学会的。只要重复一次新的训练就能开启学习进程，同时可能在神经系统中留下少许印记让下次重复更容易、更自然。不过真正的技能需要通过多次重复才能形成深刻的记忆纹路。

所以不要想着一口吃成胖子。耐心持续的训练才能让你找到对的感觉；间或游几趟，找到感觉并反馈到动作中。这是让训练起效的最佳方式。短暂地进行重复性训练与游泳，休整后的肌肉才能更有效地进行训练。疲劳——不管是身体上还是精神上——都会使动作变得敷衍。而一旦感到疲劳或厌倦，训练也就变成了敷衍。进行 25 码的训练后，接着进行 25 码的游泳，然后短暂休息，这是效果最好的训练方式。在这十分钟左右的时间里，全身心地投入；接着做不需要集中精神的事情，比如游几趟，数一数划水次数，看看目前的训练效果如何。

法官喜欢提醒律师不要扯开话题，你也要记住这一点。我们有时会在训练的时候关注一件事情，紧接着游泳的时候就把注意力转移到其他事情上；一定不能这样。集中、集中、再集中，训练**和**游泳时都要如此。如果你在训练中努力练习按压浮标，就不要想着游泳的时候摆动臀部。不然只会一事无成。

我的训练不止于此。本书的游泳训练方案中，每个训练都包含 5～6 个注意点，也就是说同时要再多考虑 4～5 个点。你可以关注其中 1 个点，就它了，然后明确地做好它。一旦贪心想同时完成 2～3 个点，恐怕每个点都做不好。如果注意力一直不集中，哪一点都做不好。你可以反过来，强迫自己做一次要点鉴别，确定哪些点对动作的影响最大，花费更多的训练时间来思考这些要点。在下次游全程的时候同样关注这些要点（见附录中的训练示例），集中、集中、再集中。这种方法我举双手赞成。

渐渐地，你准备好了，彻底根除了恶习。现在以更好的姿势游更远的距离，再远一些，然后回到基础训练，稍作回忆；这就是进步的方式：进 3 步（或者说 3 个动作），退 1 步。一开始，你会觉得神经反射不够明确，或许还要进行 3～4 次训练才能明确到底在训练些什么；一旦找到感觉，你要做的就是在游完一个标准泳池长度的过程中保持这种感觉。所以训练和游泳的长度比高达 3：1 或 4：1。不过，随着训练的继续，你的身体会领悟得越来越快。最终，可能只需要练习一次，肌肉就能记住感觉并游完全程。

　　渐渐地，在身体姿势变形之前可以坚持 2 个全程，然后再来 1 次训练进行复习，接着进行 3 个全程。然后……不过在延长距离的时候要有耐心。最终，你可以让自己以全新的方式远航。感觉很棒，对吧？那么，恭喜你，你的坏习惯已经跑远了，你的肌肉开始记住对的东西，拖后腿的动作已经消失了。现在，是时候从它的掌控中解脱了。继续保持专注，但这次要抛开辅助训练。让我们开始全程游泳吧。

# 第七章

# 回归感知　凭感觉游泳

"感知技能练习"，如果你觉得这听起来像晚间收费电视台播放的成人影片广告，我需要花时间来解释一下。

因为SSP——我对感知技能练习（Sensory Skill Practice）的简称，实际上是重要得多的东西；对一心想要进步的泳者来说，显然更为重要。它是整个全浸式学习的压舱石，最后的点睛之笔。每一个全浸式训练，如第二章到第四章的描述，都聚焦于游泳的某一方面。每个训练，最终都会提升运动知觉或感知力，使人体会到"正确的游泳"的**感觉**。SSP让我们可以在练习游泳的过程中保持"正确的游泳"的感觉。

在进行感知技能练习的过程中，你会调动高效划水的各个方面，也就是之前小心翼翼地在技巧训练中发展的各项小技能，在训练-游泳的过程中不断练习，让它们成为永久的、自动的、属于你自己的正确姿势。你的身体会凭借直觉重复它们，最终不需要大脑喋喋不休地提醒，不再被迫聆听那些让人畏惧的要点：我按压浮标的力度够不够？我的身体变长了吗？臀部摆动如何？我有没有向远处延伸？这份冗长的问题处理清单最终简化为一个快速的测试：这**感觉**对吗？

让你的知觉掌握"正确的游泳"的**感觉**，然后你会发现，它们会掌控全局，并且帮助你保持正确的游泳姿势，这比教学录像管用多了，而且这是自发地、准确地完成的。

难点在于如何充分利用你的新动作。刚学会的时候，它们就像独立的音乐章节，不管翻到哪一章，你都能演奏；但是想把它们组成一首协奏曲，就必须按照一定的序列展开。

所以我们在感知技能练习阶段要有逻辑性的排列技能，让它们依序"展开"，先掌握一部分才能解锁其他部分，就像在打开俄罗斯套娃一样。我在书中反复论述过，提升游泳的最佳方式是减少游泳时间，同时训练、训练、再训练，但是到了一定阶段后，你要做的是游泳、游泳、再游泳。但是，今非昔比！你已经克服了对追寻黑线的狂热，里程表不再是生活的主宰；关键不是游多长或多远，而是游得多好。你终于明白游对了是什么感觉。现在你的任务是确保这种感觉一直持续。

你的身体一开始可能没法相信"凭感觉游泳"这种方法，不要惊讶。毕竟，这与学校教练教授的方法完全相反。那时，我们费尽心力去**忽视**感觉而不是注意感觉。承认吧，我们大部分人都是这样学习的；如果你看重运动精神，就不会去逃避无休止的疲劳。那时候，一个"好"的教练可以帮助你分散注意力，让你不再关注悲惨的感觉，把感觉从锻炼中剥离出去，这样你就会忘记疲劳，试图继续游得更长、再长一点。和我的同学一样——可能你的同学也是如此，当我对身体投以少许关注的时候，我总是会去想我划水的手势是否正确。

所以，在近四十岁回到常规游泳训练时，我只会关注上述内容。而现在，你的关注点可能和我那时一样。

后来我逐渐明白了身体姿势对高效游泳的重要性比耐力或力量大得多，我意识到必须扭转自己的训练思想。我开始**倾听**而不是**告诉**身体做什么，接受经成千上万的神经末端传递给大脑的信息——什么是对的，什么是错的。身体运作一向如此。与之前不同的是，我不再忽略这些信息，而是引导身体学会最流畅的技巧，把所有注意力集中到躯干——即身体的动力来源——而不是四肢。

我的第一个感知实验是按压浮标。我一直教授蝶泳选手做这个动作，教了近二十年。在划水时倚靠胸部，会让臀部更容易浮起。直到1990年前后，我才突然明白，这一提升臀部和腿部以减少阻力的原理也适用于自由泳。我做了一个测试，让几个进步缓慢的游泳新手做这个动作。效果立竿见影，结果如此明显以至于不了解游泳的人也会印象深刻。我意识到这对我自己的游泳也是有帮助的，而且很可能适用于任何人。

但是教练的惯性，即便是年轻的教练，也很难改变。是的，没错，最初几次的尝试激活了核心肌群，表现即刻提升。但是我已经游了25年，长久的习惯总是让我回到之前的状态，不断揣摩手部动作。一旦注意力分散，身体姿势一定会改变，后背部感受到的拉力会立刻让我意识到这一点。很明显，如果我想保持这个动作，或者任何其他此类动作，就必须找到让它变成自发性行为的方式——可以说是"存到银行里"；这样我才能进行下一步计划。

所以我做了任何优秀运动员都会做的事情：尽己所能保持那个进步。然而，我最终明白的是，长距离或费力的游泳只会破坏集中精神的能力，它们只会让旧习复发。唯一有效的办法是短距离的重复，不考虑时间、其他选手、我的双手，或者晚饭吃什么。脑海中只有一件事情：给胸部压力让臀部变轻。感觉完全沉浸其中，这样做的效果很明显。

最棒的是，它会持续起作用，后面增加的每一项技能都是如此。在接下来的两年里，我让自己的划水更有效了，比过去25年的努力成果还要好。你也可以。

# 如果感觉对了，就这么做，再多做一些

感知技能练习与训练-游泳之间的差别，就像不用辅助轮骑自行车和用辅助轮骑车一样。训练-游泳就像带着辅助轮的游泳：如果一开始就错了，失去了平衡或姿势错了，你可以再退回训练。感知技能练习是去掉辅助轮的状态，并且要维持尽可能长的时间。它激励着你向前骑行，骑得越远越好，直到车身再次摇晃。

程序如下。每次进行一个泳池长度的训练，关注其中一个感觉——上浮臀部和腿部、延长身体、放松手臂、摆动臀部——接着在游泳的时候保持这种感觉，像反复练习要演奏乐曲的一个小节那样。凭感觉游得趟数越多，这种感觉在你的神经系统银行中留下的印象就越深，最终深刻的印象会变成自然的动作。

会变吗？这就是感知技能练习要搞清楚的问题。同样的感觉，看你能在多长时间内保持其中一个或者游得多快。有意识的练习技巧性游泳——除此之外别无他法。不要再数游了几趟或多长时间，也不要管其他的选手，集中精神用每一趟、每一次划水来打磨具体的技能，让它更加深刻、更加稳固。

从某种意义上来说，感知技能练习给学习过程画上了句号。第一步，你通过训练学习新的移动方式；第二步，把这些动作融入游泳的全程中。现在你要测试自己的游泳能力是否能持续提升，同时逐渐减少思考。这是没有训练的练习，让你真正体会这些感觉，接着把它们带入划水动作，然后只需在游泳过程中维持**那种感觉**即可。

但这不只是"收尾"工作。要知道，游泳的很多动作对神经系统来说都是很陌生的，至少一开始时是这样的；所以，任何体能训练最终都会破坏还不熟练的新动作。因此，你需要倾尽所有的耐心和决心才能让新的动作变得自然，这么做绝对值得。

好消息是，所有消除阻力的SSP动作，一只手就能数过来，也就是你接下来看到的5点。"如何做"部分听起来很像训练，确实是。但是现在，你不是在训练；就像俗话说的那样，"这不是演习"，这是在让你更有效率地、真正地凭感觉**游泳**。

1. **下坡游**：测试你能否按压浮标提升平衡，让臀部浮上水面，同时减少阻力。这一步做对了，进步就是自然而然的结果。我保证。

**保持这种感觉**：在进行按压浮标的过程中，告诉自己在游泳过程中要尽量将身体向胸部倚靠。你会感觉像在俯冲游，这就对了。另外一些选手表示，这个动作就像在游泳的时候有人按压他们的肩膀。一位跑步爱好者说，这个动作和跑步很像——前倾身体保持平衡，让身体迎着猛烈的逆向风。当你找到正确的感觉，你的臀部会感觉轻松一些，打腿也会变得更容易。实际上，你要完全放松腿部，这样它们就能跟上节奏。保持倚靠的姿势掠过水面，如果你一直有意识地、认真地这么做，最终就可以凭直觉完成。

2. **放松手臂游**：这是前方象限游的关键，这样可以让你的身体在水中更高、更快地穿过水面。

**保持这种感觉**：下坡游的时候，把所有重量放在浮标上，向前延伸的手臂就会感觉到真正的放松；它会在进入水面之后直接浮在身体前面。你的指尖毫不费力地伸向前方泳池，直到你开始施加压力进行划水。你还会感到身体变长，因为放松的手臂会在每次划水的时候让你更高，在摆动呼吸的时候还会再高一点。

3. **伸向远方**：配合放松手臂。一些泳者在手碰触水面的时候就情不自禁地开始划水。这样做是不明智的。这么做会使你在水中"更矮"，移动更慢，最终会让你失去平衡。伸向远方的动作能让我们摆脱这个习惯。

**保持这种感觉**：如果你的手在接触水面的时候就忍不住要向下、向后划，试试这个办法。假想每次划水都是这一趟的最后一次，此时你要伸手去触碰泳池壁，在整个这一趟中的每一次划水都这样做（伸向池壁）。在延伸的过程中，感受你的肩膀压向下颌（如果是换气时的划水，应该感觉你的耳朵压向延长手臂一侧的肩膀）。接着，当你不能再延伸的时候，开始后拉。还有一点：在**慢慢地**伸向池壁的过程中，手的延伸动作不应该比身体移动得更快。

4. **换手**：你已经学会了延伸手臂和延长身体的方法，但是这个"延长"在另一只手回来之前要保持多久呢？换手这个练习会告诉你，在另一只手回来的过程中的哪个阶段开始划动延伸的手臂。

**保持这种感觉**：是不是感觉等待划水的时间比过去习惯的模式更长？就是这样！关键是延长手臂伸向前方的时间，直到另一只手在头的前方再次入水。如我们所说，这让你的身体更长了——也前行得更快——在每次划水周期中都进步一些。但是除非你的延伸手臂是放松的，不然就没法做到，所以如果不能放松，就回到第二项训练。

你或许已经通过训练找到了换手的感觉。"啊，再次训练？"你要抗议了。"为什么我在你的游泳学校总是在训练同一项内容？"别担心。这是整个感知技能练习中最难的部分，因为需要精准把握划水时机。掌握之后，你会受益匪浅，因为它能极大地提升划水距离。可以按照这个序列练习——每次增加25码的长度——直到你能轻松完成。

（1）收回的那只手在位于延伸手臂的手肘和手腕之间的时候开始划水。

（2）收回的那只手在位于延伸手臂的肩膀和手肘之间的时候开始划水。

（3）收回的那只手在经过你的泳镜时开始划水。

（4）放松地游，数一数划水的次数。

一开始，换手会让你感觉夸张且不自然。上述4步练习可以引导你的身体逐渐适应这一动作。不断重复上述过程，你很快就能找到划水的"最佳时机"。

5. **移动你的中段（躯干）**：如果你对侧身游仍然感觉不自然，臀部总是抗拒大脑的指令不愿摆动，尝试这个练习。

**保持这个感觉**：这没有什么模棱两可的。每次划水，把你的肚脐朝向泳池的一侧池壁。当然不是真的如此——在脊椎部位安装滚轴才能摆动这么大的幅度。但是以此为目标，你会做得更好。随着大幅度摆动变得愈发自然，你会变得放松，因为你可以不假思索地完成这个动作。确保有节奏地不断地把身体中段从一侧摆动到另一侧。现在你是在用有力的臀部游泳，而不是笨拙的双手。如果你想游得更有力，那就让臀部有节奏的摆动更有力；如果你想游得更快，那就加快臀部摆动的节奏。保持下去，直到你的划水节奏与身体中段的摆动节奏而非手臂的摆动节奏一致。

在训练效果受阻的时候，我确切地见识过感知技能练习的成功；这是证明感知技能练习效果最有力的证据。尽管见证了训练给游泳技能提升带来的效果，一些泳者仍旧会经历困难时期。总有这样那样的情况——糟糕的打腿和协调性，甚至是在水中的焦虑感——让他们在训练过程中倍受挫折，不幸的是，有些人已经开始思考自己是不是游泳这块料了。

---

## 感知技能练习：轻松完成

1. 将SSP与实现同一感觉的技巧训练组交替进行。两种练习的相似点会让你更清楚和强烈地掌握特定的感觉。

2. 一开始把练习重复的长度限制在25码（或者说一个泳池的长度）。前半程不要换气——不是说让你憋气，因为如果身体不需要关注换气就能更快地掌握某一感觉。接着顺利地过渡到正常换气，但是仍旧将注意力牢牢地固定在知觉感知上。

3. 慢慢来。当你的身体缓缓地从水中划过时，它对新的感觉才会更敏感。之后有的是机会提升速度。

4. 在每一程的最后阶段，停下来思考一下刚才的练习。如果是下坡游，你的臀部有没有感觉更放松？打腿是否更容易？如果你伸手去触碰池壁，是否感觉身体被拉长了？如果没有，回到相关的技巧练习，明确并加强想要实现的感觉。

5. 要多游几趟直到感觉稳定下来。你自然就会明白稳定的感觉，一般情况下我会在掌握新技能的时候至少重复游8～10趟。

当所有感觉都烂熟于心的时候，要继续保持进步的势头。

1. 逐渐把重复练习的距离延长到50码、100码，甚至200码。最终想要用新的高效技能游1英里乃至更多，都不会显得夸张。或许这正是你想要参加的比赛的长度。

2. 在一段游泳练习中混合两种感觉（比如，下坡游和放松手臂游，或者伸向池壁游和放松手臂游，再或者在下坡游的同时不断摆动身体中段）。

3. 在每一趟游泳的过程中不断变换感知目标（比如在一组50码的练习中：前25码关注下坡游，后25码关注放松手臂游）。

4. 调节速度：在一组50码练习中，先慢游25码再快游25码。让"快"的那段付出的努力接近（或者整个50码都以此为目标）你的比赛状态。你能否高度集中或保持姿势？这就是你在比赛中的表现。

---

他们当然是，只不过需要更加个性化的课程。所以我给这些训练受阻的学员的建议是：回到之前的训练中。我们只需要能把感觉深深刻入神经系统的最小的练习量，同时花费更多的时间有意识地在划水过程中调整。这与训练的原理相同，只是更直接、更快地把它们应用到了游泳

划水中。

几乎每个人都能通过训练，更好、更快、更清楚地掌握新的感觉。但如果它们对你不起作用，感官技能练习也可能会加速你的进步。

## 减少划水次数和游泳高尔夫指数：
## 两个检验 SSP 效果的测试

感知技能练习的全部意义，当然不是让你感觉更好，而是让你**游**得更好，让你的划水更高效。你要记得，一个高效的划水是一个让身体更快划过水面的动作。这样一来，游任何距离需要的划水动作都会更少。更少的付出换来更多的成果。更少、更长的划水动作，经过反复认证，已经成为出色游泳选手的标志。它的优势可不只停留在嘴上，游泳选手获得奖牌，普通人游得更好，都是靠它实现的。

好的。但是你怎么确定自己取得进步了呢？很高兴你提出这个问题。接下来的两个练习策略就能帮助你做鉴定。

### 减少划水次数

第一个策略就叫减少划水次数，因为这就是感知技能练习的功能——训练自己以达到比平时使用更少的划水动作。

亚历山大·波波夫就是用这个有效策略变成世界上最快的游泳选手的，而且这个策略也适用于我们——即便你的划水次数和波波夫的不可同日而语。他当时是 50 米自由泳无人能敌的冠军，是泳池中的一道闪电。每次比赛，他只需用 33 次划水就能从泳池一头游到另一头。但是为了实现这个惊人的数字，他规定自己在训练中要游得更快，通常强迫自己在

50米重复训练中仅用24个划水动作。通过训练自己去习惯只用24个划水动作，他就能在比赛时轻而易举地用33次划水（这里提醒一下，这个数字仍旧比他的对手少3个）游完全程。

如果你感觉9次划水的差距不大，可以自己尝试一下。找一个标准的奥运会比赛用池（长度50米或165英尺；可不是收费公路边小旅馆里号称的"奥运标准"），先慢慢地游一趟，数一数用了多少次划水；接着快速游一趟，也记录一下划水次数。是不是差距很大？我是这么认为的。我们可以利用波波夫设计的训练方式的变形来缩短差距。

训练目标：如何用少于24次的划水来接近比赛的速度。他从一个慢速50米游开始（比22秒的比赛用时慢10多秒），后面每次游的速度都快一些。当他的划水次数维持在24个，而速度却没有任何提升的时候，就回到慢速练习，再次沿着速度曲线攀升，尝试在24个划水动作的范围内尽量加速，以越来越接近比赛的速度。

现在，这已经成为一种惯例——一种你也可以尝试的惯例，就用波波夫的这套训练法的变体方法。首先，以平均划水数游25码（或者任何你常去的泳池的长度）；就是通常的状态，不需要全力以赴。让这个数字成为标准数，可以说是你游完27趟半英里之后的标准划水数。此时你已经训练了一阵子，正在变得疲劳，你的姿势很可能已经快"无法保持"了。

现在开始，要超越这个数字，不管游多少趟。立下誓言：为了体面和荣誉，不要再用那么多次划水游完这段距离，不管什么原因。

可以这样做。如果你通常用21～22次划水游完一段距离，你现在的任务是用19～20次重复同样的距离，不能再多了。一开始看起来很简单，不是吗？在游10次50码距离的过程中，前几次感觉精力充沛，轻轻松松地就完成了19～20次划水。减少划水轻而易举！

接着，在第4次重复的后半段，你马不停蹄地在泳池前进，完成了20次划水，哎？为什么离终点还有5码的距离？

这个时候该怎么办？你已经发誓不再划第21次，所以只能做一件事：将身体转向一边，尽力打腿向前。嗯……很明显减少划水还是需要一些练习的。

所以在下一趟以及之后的每一趟，每次手臂摆动都要小心，明确每次划水的效果，确保用20次游过25码的距离。没有计时器，没有隔壁赛道的对手，唯一的关键是如何花费你必须花费的——这样你才能学会节省。跟生活中的其他事情一样。

跟我一起重复：你在练习如何**高效地**而不是**快速地**到达，而不是更快。起初，更少的划水动作会让速度变慢；这是正常的，不要担心。你仍旧需要伸展得更长和滑行得更远。过去的数字维持了这么长时间以至于你的身体需要一定的时间去调整。最终，更少、更高效的次数会变成你的新标准；不知为何，在注意力集中于划水的过程中，你的速度不知不觉也得到了提升。好的教练一直明白，约束比放纵能教会我们更多。

用20次划水游完25码是一个意义非凡的里程碑，一边是真正的游泳，一边是未入门的状态。如果你的次数多于20，加紧进行减少划水次数的练习直到实现20次以下的目标。一旦你能够轻松地以少于20次的划水游完25码，就可以开始尝试用40次游完50码，接着是用60次游完75码。但是，不要盲目地增加需要20次以上划水的距离。拒绝练习无效的游泳，是成为持续高效的泳者的唯一方式。

当你能够持续地以80次划水［汤姆·多兰（Tom Dolan），美国1650码自由泳纪录保持者，每100码划水56次］游完100码，你就可以开始重复练习100码的距离，每次之后休息15～30秒。一旦你能够以这样的划水次数重复游8～10次100码——并且从未超过80次划水——你就跨越了通往成功的重要门槛。你完全可以参加铁人三项或是成人锦标赛，骄傲地炫耀这一成绩。

所以严格要求自己对每一趟游泳中的划水次数进行记录，直到效率成为一种习惯。接着，像波波夫那样，你可以把次数换成速度。以最少的划水次数换取最多的速度增值，如果对这个基数不满意，就再来一次。以最少的划水次数游2~3次50码；接着再游几趟，每趟都再快一些，尝试减少"划水成本"以换取更多速度。不断重复这一循环，每次交易都要更划算。这是与自己进行的讨价还价。完成50码的交易之后，尝试反复游100码，你将在更大的场地里进行游戏——高尔夫的游戏，也就是游泳高尔夫。

## 游泳高尔夫

在你为减少划水埋头努力时，可能会在这条道路上越走越远，走向另一个极端。一些聪明人或许已经找到了作弊的方式，划水次数看上去很好，但是游泳表现却并没有变好——可能在蹬壁之后只能滑行或打腿一半的距离。如果这些高效的训练成果的意义是游得更快，你要明确其结果是否如此。准备好开始游泳高尔夫了吧，这是提升划水效率的第二个策略。

---

## SSP：冠军们通过慢游获得什么？

俄罗斯国家游泳队曾在南卡罗来纳大学进行过为期一个月的集训，那时他们的目标是击败美国队。但是，他们的训练秘诀没有逃过比尔·厄文（Bill Irwin）的观察。厄文是我在高中开始游泳时的第一位真正意义上的教练，他住在南卡罗来纳州的哥伦比亚，每天都去南卡大学游泳。所以每天早晨都能看到厄文蹲守在泳池边，睁大眼睛，一手拿着记事本，一手举着录像机进行记录。

厄文承认，他看到的和自己想的不一样。游泳过程令人深刻，但是并不辛苦，甚至也不快。"整整一个月，他们几乎没怎么流汗。"厄文回忆说，"他们每天游四五个小时，用半前交叉划水的动作（一臂等待另一臂）不断练习轻松的自由泳。"（见上文中的换手练习）

或许这样做确实很轻松，但要付出极大的努力。

厄文问俄罗斯教练，为什么他们要反复训练一个夸张的划水动作？答案是，因为世界冠军亚历山大·波波夫的优势之一就是他习惯于让一只手放在头的前方以延长身体。所以教练希望所有的自由泳选手都养成这个习惯，而且他明白这不是天生就具有的习惯。他们要让动作变得自然，通过一天数小时持续的循环把它"烙印在神经系统中"，直到在选手的神经系统中形成这个习惯。不管俄罗斯人怎么定义这个过程，他们花费了一个月，用极大的耐心去训练感知技能练习习惯中的一项技能——换手。毫无疑问，这是任何艰难或快速游泳的基础。

遗憾的是，美国一位极具天赋的自由泳选手没能观察到这一点。在西海岸的全浸式游泳班上，我观察了30分钟他的训练过程。他曾与世界最好的选手同场竞技，甚至参加世界级别的接力赛，但是已经好多年没能入围这些赛事了。他甚至提到了退役，尽管他还尚未达到自己的巅峰状态。

所以我一直带着好奇对他进行观察。他游了一组短距离，接着是轻松的恢复训练。短距离游泳的时候，他的身体都伸展到位且高效；但每次恢复性练习时，他就会回到松散的姿势。他只想到了让身体恢复，却没有意识到，感到疲劳就开始放松地游泳时，神经系统也会随之放松。在他看来，巨大的努力——提升生理机能——是训练最有价值的地方。但是他对神经系统的忽视完全破坏了有氧训练的效果。

状态下滑，也就是意料之中的事了。

进行游泳高尔夫不需要成为高尔夫俱乐部会员，规则也很简单。在固定距离内，计算好你的划水次数，并与游完这段距离的秒数相结合。一位表现良好的游泳选手能够用40次划水在40秒的时间内游完一个来回，即50码，这样就可以得到80分（看，这个50码的得分是不是与高尔夫的一轮得分很接近？[①]）。一个"笨蛋"也能获得90分，职业选手可能在60分以下。50码的重复练习是最合适的，因为数字便于记录。

首先减少划水次数，接着尝试游得更快，你可以一直降低自己的总分。如此几轮，就能让你眼界大开。多努力一点，划水成绩很快就会增加很多，效果惊人。如果这些划水没有转化成足够的速度来降低总分，你马上就知道自己的努力是多么不经济了。记住，速度等于划水速率乘以划水距离，而每个人的划水速率（SR）都足够大，需要提升的是划水距离（SL）。你的高尔夫分数能够精确衡量你的划水距离转化为速度的效率。前方注意，看球[②]！

我们终于描绘出了全浸式完整的学习曲线。你现在明白了，是技术，而非汗水或肌肉，为随后真正的游泳进步打下了基础。首先要明白身体在水中**是**如何移动的，以及如何最快、最有效地改变身体姿势；接着通过训练实现上述改变，最终通过练习完成更流畅、更令人满意的游泳——此时你的新的划水动作已经变成你的第二直觉。

现在是时候走到池边，开始新的计划了——通过练习适当的技术使身体变得健康。在第八章中，我们要穿上泳衣，站上跳台，跳入水中，是时候开始你的"锻炼"了——以全新的方式。

---

① 在高尔夫球常规比杆赛中，所有球员根据自己的总杆成绩相互竞争。总杆成绩就是各位球员在其所有轮次中完成各洞的杆数。
② 打高尔夫球时提醒前面球路中的人，以免被击中。

# 第八章

# 教授鱼式游泳的学校

到目前为止，我们一直在搭建理论基础，让你明白什么是好的游泳，以及如何通过改变你的"船体"来提升游泳表现。现在你的游泳理论已经成形，是时候把我们的课堂移到泳池，开始教你的肌肉游泳了。接下来的内容包括6节全浸式"游泳课"和关于如何成功自学的指导，你将学习以全新的方式游得更快、更轻松且更愉悦。这个课程计划是为那些拿起本书阅读却对游泳一无所知的人准备的。我们发现，**所有的**学员，不管之前已经游了多久，只要从最基础的技能练习开始，按照整个全浸式练习的逻辑循序渐进，都能取得较快的进步。赶紧开始吧。

事先声明：随后的6节课包含详尽的教学内容，巨细无遗地教你如何按照全浸式的学习计划进行每项练习，关键姿势会配上插图帮助理解。

## 从"初学者的意识"开始

来到泳池边时，你可以先用10分钟的时间观察其他泳者。你会发现，他们每个人的划水看起来都是一模一样的——持续观察1小时也没变化。别人看你游泳也是如此。你的划水，是个固定习惯，经由成千上万次划水形成的习惯，且深深印刻在了你的神经系统中。俗语"熟能生巧"只对了一半，"习惯成自然"才更准确。

在从理论走向练习的过程中，你要做自己的教练和老师。你的成功取决于练习那些想要留存在"肌肉记忆"中的动作，还要小心翼翼地避免不需要记住的任何其他内容。"扭转"你现有的动作只会限制你的进步，因为之前成千上万次的划水动作留下的印记会抗拒改变。幸运的是，你现在有了一个百分百有效的选择。

每年我们的全浸式培训班会教授1500名学员。培训一开始他们平均的划水次数是游25码需要划水21～22次。一天之后，这个平均数会提升到16～17次，效率提升近25%。几个小时的教学就能实现这种程度的提升，对于那些已经游了5～10年却鲜有进步的人来说，是惊人的。这种跨越式提升的背后有两个主要原因，一是"肌肉健忘症"，二是"武术式游泳"。在自学的过程中遵循这两个原则，你也能获得提升。


## 不要挣扎


我们会在周六早晨给学员们拍摄一段他们的自由泳视频，之后直到周日下午最后10～15分钟他们才会再游一趟完整的自由泳。那时他们已经练习有效的游泳动作近六个小时且没有做任何"旧有"的划水动作。此时，大部分学员都能用全新的划水动作代替旧有动作。神经系统没有把他们的动作练习当成**游泳**，好像"肌肉得了健忘症"，使我们得以绕过旧有习惯，在记忆的白板上重刻新的技术。

成功的第二把钥匙是"武术式游泳"。常规的游泳教学诞生不过50

年，而武术已经存在上千年了，所以武术大师有更多的机会以最好的方式去教授技术动作。他们的死规定是"不要练习不能正确完成的动作"。我们的全浸式也有类似的神圣规则，即"不要练习挣扎"。武术学员通常从看似非常简单的姿势和动作开始，一步步地增加动作难度，不断进步。

他们很快就会发现，看似简单到不能再简单的动作实则拥有着丰富的内涵和不同层次的体验。每一步耐心专注的练习，最终会组成轻松流畅的高级技能。我们也会带你进行同样的训练，最终让你可以像鱼一样游泳。

## 用"瑜伽呼吸"进行休息和放松

大多数游泳选手和教练都有一个根深蒂固的习惯：做每件事——包括技能练习——都要更快或休息得更少。他们一直关注"向前推进的码数"，从不停止。所以这里我要澄清一下：训练的目的是最大限度地利用能量供应，技能练习的目的是把能量支出降到最低。能量的节省**总是**会带来更快、更大的进步。想要开发所有潜能，必须耐心专注地练习技能。一个确保有效的途径是忘记时间。集中精神提升动作质量的时候，我从未看过计时器。我只关心自己能不能轻快地在水中穿行，以及动作是否流畅、协调。

但是我也不会完全把时间抛在脑后。我仍旧希望我的学员能有充足的休息时间，保持心率在中等有氧运动的状态，这样才能专心做出精准的动作。我们让学员通过"瑜伽呼吸"来进行放松和恢复，这样做有两个好处：让呼吸变得正常，降低心率；还能让精神"集中"，减少干扰，提升专注力。

## 每一趟之间的恢复

做法很简单：缓缓吸气，接着吐气；再次吸气之前放松一会儿。每次练习或游泳开始前都进行几次瑜伽呼吸，通过呼吸次数的调整很容易就能安排休息时间。教学的时候，我建议学员在循环之间的甜蜜点[1]暂停时（所有全浸式自由泳练习中设置的恢复暂停阶段；第二课和第三课有详细论述），进行至少3次瑜伽呼吸。接着，将甜蜜点的呼吸次数减少为1～2次，让练习节奏更"像游泳"。将甜蜜点暂停的呼吸次数提升到5～8次，这会让任何练习变成踩水训练，比用浮板更有价值。如果你的呼吸次数少，注意不要减少到来不及换气的状态。

## 池边的休整

我们还将瑜伽呼吸应用到了每游完一趟后在池边进行的休息中。在每次的重复练习之间至少进行3次瑜伽呼吸。这样，你就可以通过更多的呼吸轻松调整休息质量。你是否感到有些喘不过气或者疲劳？增加呼吸次数即可。假如重复练习的时长是50秒，而不是25秒，那就把休息期间进行的瑜伽呼吸次数从3次增加到5次。一旦有机会尝试使用瑜伽呼吸式休息，你就找到了随心所欲精准调整休息时长的最简单方式……同时，把提升专注力的节点带进游泳练习，可以让你**始终保持注意力的集中**。

如果你和我一样，很快就会发现瑜伽呼吸这种恢复方法可以拓展到其他运动中。我在瑜伽课上第一次学会这种技巧后，立刻就想到可以把它用在游泳中。现在我把它们应用到了各种练习中——可以用来控制保持伸展姿势的时长，或者调整瑜伽练习从沉静（每个姿势更多呼吸）到活跃（每个姿势一次呼吸）的不同强度，还可以调整划船机500米或1000米重复练习的休息间隔。

---

[1] Sweet Spot，高尔夫球术语，指高尔夫球杆面上的精准点，通常在中心点，击球时可以传达最大能量。一个球被此点击中将比被其他点击中飞行得更远。这里可以指最有效点。

# 第一课：找到平衡和你的"甜蜜点"

　　这是武术游泳中"简单到不能再简单"的部分，至少对某些运动员来说是这样的。你或许想跳过这一课。不要这样！如果你是人类——即便你已经游进奥运会——你的平衡仍有提升的空间，随之而来的进步是，你在任一速度条件下都会付出更少的能量。

　　从另一方面说，如果你的每次划水都令人沮丧，游两趟就没力气了，一直感觉自己的脚指甲要刮到泳池底了，那第一课可以让你能**浮在那儿**轻轻地踩水，紧张和不适感都会消失——这是一种前所未有的感觉。一旦你有了这个能力，很快就能更轻松地游泳，后面的课程也就能更顺利地进行。

## 从头开始？

　　多年来，通过观察多名"人类游泳选手"的水下视频，我首先注意到的是，他们的手脚都在忙于**试图不下沉**。他们或许以为自己在"划水"，但实际上他们的能量完全没有产生推动力。相反，大部分能量都用于与下沉感抗争。除非你学会在没有手臂的帮助下毫不费力地保持平衡，不然就无法进行有效的练习或划水。因此，你的第一步是在没有手臂帮助的情况下让水支撑你的身体。在"头部引导"的练习中，因不能用手支撑身体，你能学会通过合适的头部姿势和体重分布让身体完全平衡。

## 成功的 4 个小秘诀

　　• 在练习的过程中，想象自己被一条固定在头顶的线拉着走，保持从头到脊椎的这条线竖直延伸。

　　• 练习**放松**。尽量安静、有效地移动，不要激起过多水花，努力保持打坐一样的镇定。

• 用延伸、笔直且柔软的腿部来保持轻巧和安静。让你的脚一直处于身体带出的尾迹或者"水影"中。如果你觉得自己的速度慢，不要加大踩水力度，相反，试着通过提升你的平衡和身体线条来减少阻力。

• 最重要的是，首次练习第一课要在浅水区进行，这样你可以随时站起来。在做头部引导练习的时候，如果你的踩水无力，即便游25码也会筋疲力尽。在你能轻松游5～10码之前，不要游更远的距离。（后院和汽车旅馆的泳池最适合第一课的练习！）如果你感到累，或者练习过猛，不要再继续了。这时要站起来，深呼吸几次，放松一下再开始。

## 训练 1：基本的仰面平衡

**为什么要这么做**：这是放松和享受水的浮力的最容易的方式。你不需要担心呼吸，所以只要躺在水面感受平衡即可。**轻松与稳定**是平衡的关键感受，熟悉这种感受，在之后使用其他姿势的时候也要保持同样的感受。

**按照如下顺序进行训练（每一步都要轻轻踩水）：**

1. **将头埋进水里。**脸部与水面平行，前额顶端、下巴底部和泳镜的两端与水面齐平。**微收下巴**，让头部与身体成一条直线。如果其他泳者会把水泼到你脸上，你可以通过戴上鼻夹来减少影响。用5～10分钟的时间只练习头部姿势，或者让你的搭档帮你检查是否与插图一致。耐心地练习直到感觉自然、亲近水面让你感觉舒服。**在接下来的每一次训练中，做其他动作之前都要把头埋进水里。**

2. **用背部做"船壳"。**在肩部后倾，胸部前推的时候，很难保持平衡。**微收肩膀**，让你的背部呈船型。所有肩部练习都要保持肩部处于这样的中立位置。

3. **按压"浮标"**。通过"躺在肺部"—— 身体浮力最大的部分 ——来实现平衡。保持头部在水中的位置，使身体像船一样，躺在上背部直到臀部感觉舒服。在保持平衡的过程中，你会在每次踢腿时露出"大腿干燥的地方"。但是不要让踩水太夸张，你的膝盖和脚趾只能在水面附近上下运动。在接下来的训练中，要保持"躺在肺部"的姿势。

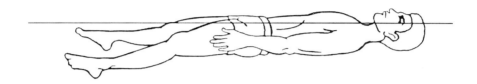

4. **就躺在那儿**。达到平衡的标准是能够**不动**用手臂。如果你需要拥抱自己或是用手臂划水，说明你还没有达到平衡。当真正被水托起来的时候，你可以用手臂来帮助身体呈现出鱼雷形。

5. **开始练习**。把重复练习的长度限制在25码以内。一旦放松和舒适的感觉消失，就停下来休息直到再次感到放松和舒适。

---

## "下沉者"的特别课程

健壮、肌肉紧实或者腿长的运动员（尤其同时具备上述两条乃至更多特征的人），会发现不管怎么调整姿势都不能舒服地完成仰面平衡训练（训练中的1～3步）。这些训练在教授移臂姿势的时候尤为重要，你会在第三课、第四课、第五课这3节课的"换臂"循环之间用到移臂姿势。但是你在训练4和之后的部分，以俯卧姿势完成完整的划水动作时会用到刚掌握的平衡感。

不要试图挣扎着让"沉重的"腿部浮起来，我建议在一开始进行平衡训练的时候请朋友或游泳搭档来帮助你。在"结伴制"的全浸式训练中，进行第一步和第二步时，你的伙伴可以轻轻地拖动你的头部或肩部，第三步时拖动延伸的手部。在被伙伴拖动的过程中，集中精力放松自己，快速地轻踩水，穿过最小的"水洞"，记住这种轻松的上浮感。

在得到一些动力之后，你的伙伴就可以松开手，从前部向后移动，随时准备在你开始挣扎的时候再次拖动你。伙伴的"牵引"应该让你能更轻松地独立游动。你要在踩水的同时集中精力，和被拖动的时候一样。重复几次牵引-释放，然后尝试独立地前进，每次多保持一会儿。

总的来说，"下沉者"在进行前3步练习时会较费劲，所以我建议你不要在无止境的尝试过程中忍受沮丧。大胆地做，耐心地学，尽量在允许的范围内努力，接着进行第四步技巧训练——滑行。在这个训练中，下沉者开始明白平衡的感觉。你也能够用脚蹼来独自训练，像本课结尾部分描述的那样。

---

重点是集中精神找到静止的感觉，那样你才能躺在那里，轻轻踩水，让自己浮起来。想象自己是如此稳定以至于前额上可以放一只香槟杯。**这种感觉就是平衡的标志！**在进行其他平衡训练的时候也要保持这种感觉。

## 训练2：找到你的"甜蜜点"

**为什么这么做**：大部分人游泳时主要是侧身游，每次训练的起始和结束阶段姿势都是侧身，但是"侧身平衡"确切地说并不是偏向身体一侧。甜蜜点是身体真正均衡和平衡的位置，且会受到体形的影响。如果你的身体属于精壮型或肌肉紧实型的，侧身平衡几乎是仰面朝上。找到甜蜜点很关键，因为这是你每次训练开始和结束的位置。当你找到了自己的甜蜜点，你就能轻松流畅地训练；如果你没花时间去找到甜蜜点，就只能在水中挣扎。

**按照如下顺序进行训练：**

1．开始的时候像训练1中那样，手掌位于身体一侧，轻轻踩水。保持仰面躺着，同时检查头部位置，感受毫不费力的平衡。

2．不要移动头部，可转动身体，幅度**足够**让一只手的指关节勉强离开水面。你的目标是找到一个位置，使一只手臂从肩膀到指节的部分离开水面，此时你的感觉应和仰面躺在水面一样舒服。有任何不适，就回到仰面的姿势，然后可以用更小的旋转幅度再次尝试。

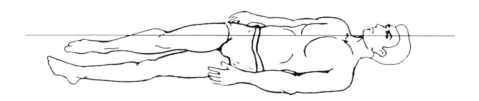

3．检查你的头部是否仍旧处于训练1的位置，水的高度正好在泳镜的两端。

4．注意任何不适的迹象：抬起头，扭动脖子，弯曲背部，用下臂维持平衡。如果感受到哪怕一点压力，就回到仰面的姿势，然后用更小幅度再次转动。

5．一旦你在甜蜜点感觉舒服，就请集中精神**保持这个高度，从水中小洞穿过**，接着逐渐习惯这种沉稳、安静且毫不费力的感觉。

6．在身体另一侧重复。你可能感觉到有一侧比另一侧更舒服。我把两侧分别比作"巧克力"侧（更好的平衡）和"香草"侧。提升"香草"这侧的平衡，通常会带来更棒的回报。一侧训练一趟或者1分钟之后，替换另一侧进行同样的长度或时间的训练。

7．当你在每一侧都感觉舒服的时候，开始练习动态平衡。在一侧轻松地踩水，进行3次瑜伽呼吸，然后轻轻转到另一侧，同样保持3次瑜伽呼吸。动态平衡的两个关键技能是：（1）摆动身体的时候，保持均衡；（2）通过毫不费力的重心转移来引发身体摆动。**不要用手臂摆动**，不用费力地踩水，也不要激起巨大的水花。保持头部稳定地处于某一位置，从一侧摆动到另一侧的时候，水面保持在泳镜两端的高度，想象不能让额头那只香槟杯落下的感觉。

## 第一课练习计划

这一课最重要的任务是以正确的方式进行学习 —— 耐心且专注地 —— 进行所有的技能训练。不要给自己限制时间，直到获得毫不费力的轻松感为止。**这里没有设定进行第二课的固定时间。**如果能在第一课培养正确的态度与习惯，你的技能在随后的每一课都将变得更强、更稳固。

---

## 踩水、脚蹼、技巧训练和游泳：所有内容

**为什么在踩水和进行训练的时候会退步？**僵硬的脚踝是最常见的原因，成年游泳学员属于此类中的典型。我们的身体会随着年龄的增大而失去灵活性（除非你一直在做伸展训练或上瑜伽课）。如果你不是从小开始游泳的话，可能在20～40年内脚踝会失去灵活性，常年跑步还会加重关节的僵硬度。除非你从小开始游泳并且没有间断，这样才能维持脚踝的灵活度。

第二个原因就是缺乏协调性。正确的浅打水动作是违反直觉的。你在做其他脚部动作（踢球、踢轮胎）时，膝盖都会弯曲90度。而有效的浅打水只需要膝盖有30度的弯曲，且更多的是动用髋部屈肌和股四头肌。小孩子很快就能学会，而成人学员需要有意识地忘记过去的脚部运动习

惯才能学会正确的打腿。

　　**如何解决？** 以下4种方法经过验证是非常有效的：

　　**垂直踩水**。这对灵活性没有什么帮助，但是可以帮助你学会协调身体。垂直浮在水中，双臂交叉抱胸，嘴巴刚好浮在水面之上，如下图所示。如果你感觉到了下沉，可以在两腋下夹一块拉力浮标，或者在胸部抱一块浮板。集中精力让臀部到脚趾这段在打腿的时候成一条直线。腿部要修长灵活，不能僵硬。使用大腿根部的肌肉，让整条腿像钟摆一样摆动。（初学者最好坐在泳池边练习，让腿在水中摆动，尝试用笔直的腿推动水前后移动。试图用脚踝的灵活性和张力让水前后移动。用一只脚"搅动"水面，**感觉**脚部与水的互动。）练习几次垂直踢腿，每次15秒或更长时间，然后用同等时长进行休息。接着换成如下图中的侧身姿势以同样的感觉打腿。

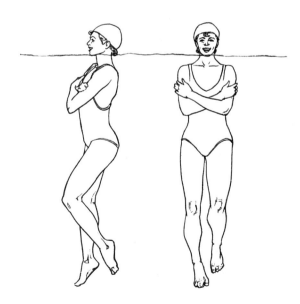

　　**牵引**。本书上文中介绍的牵引−释放的全浸式"结伴制"训练也能帮

助你改变低效的习惯。打腿无力时，最无效（也是最直觉的）的反应是更用力地踩水。有了同伴的牵引，很容易就能集中精力轻轻地打腿，保持从臀部到脚趾的直线型姿势，让脚部处在躯干的尾迹"阴影"中。释放之后，保持与被牵引时一样的打腿强度。

**侧身打腿**。这个动作可以同时提升协调性和灵活性，是进行全浸式训练的又一好处。这个序列的每步训练的起始都是甜蜜点。不论何时进行侧身打腿，都更需要30度屈曲的打腿。俯身打腿——像浮在浮板上一样，你更容易做出骑自行一样的打腿动作，因为重力会让你这样做。但是侧身时，因为你的膝盖不会因重力而发生弯曲，就不容易做出"骑车"的动作。

**拉伸**。这对协调性没有任何帮助，但**或许**可以适度提升脚踝的活动范围。你**不会**因为这个练习一下子成为一个可以快速、轻松打腿的运动员。

**脚蹼有帮助吗？** 脚蹼的最大好处在于蹼片可以灵活弯曲，弥补了脚踝的僵硬。为了让打腿更具推动力，一定要让**某部分**进行收缩；为了在水中移动，需要类似螺旋桨桨叶一样倾斜的装置。如果你的脚踝拒绝做这个动作，就只能让膝盖来代替。但这只会让问题更严重。首先，因为膝盖弯曲到一定角度会使你的小腿破坏身体的流线型姿势，成为前进的阻力。这就是你不能向前的原因。其次，它会激发出跑步一样的狗刨姿势，这反而只会让你**后退**。穿上脚蹼，身体侧过来，很快你的灵活性和协调性都会有所提升。

**训练的时候是否应该使用脚蹼？** 每个全浸式训练中的甜蜜点暂停都有助于身体的放松与协调。**这很好**。但是，如果你的打腿很糟糕，每次回到甜蜜点的时候，身体都可能会停止移动。**这不行**。如果你的身体每次循环后都有停顿，你最终会在泳池里扑腾着下沉，大量的精力都用在了与惰性抗争上而不是有效地保持动力。所以，一个合理的打腿对训练效果至关重要。因为训练的主要意义就是教会你放松和节省能量，如果使用脚蹼能让你在**训练**时更轻松，那就再好不过了。

但是，我建议，不要用脚蹼完成第一课。这样才能确保使用脚蹼的主要目的是帮助维持动力，而不是掩盖平衡问题。保持腿部纤长、灵活且放松。尽量温柔地打腿，这样脚蹼就不会盖过你想要学会的能产生核心驱动力的动作。

**游泳时是否该用脚蹼？**除非你的目标是**快速**游完短距离，否则我赞同非显性打腿，即自己几乎意识不到的打腿。如果训练的目的是学会保持平衡，让腿只跟随身体的核心运动，应该更容易。我不鼓励泳者在游泳过程中过多地使用脚蹼。这会让你过度打腿，很容易就会失去平衡和流畅度，无法在游泳时保证身体完整的和谐度。所以，如果对训练时保持放松有很大帮助，就使用脚蹼。但是，不要抗拒不用脚蹼的训练。开始游泳的时候，就脱下它们。

---

- 不要在心里给每次训练设置时间或次数限制。
- 待在这个阶段直到感觉轻松。
- 持续更长时间，直到你感觉"无聊"（即你可以不假思索地做动作）。
- 到那时你才能进行下一个技能训练。

请确保在任何阶段都要避免"练习挣扎"。一旦你感觉自己失去控制，就停下来休息一会儿，重新整理前一个训练或技能，或者两者兼顾。如果不这样做，挣扎就会被印刻在肌肉记忆里，你的身体一旦感到疲劳就会自然而然地回到低效的动作模式中。

第一节课包含了一系列的全面练习：仰泳25码、右侧25码、左侧25

码，还有动态平衡25码。每游25码，休息一会儿，进行3～5次瑜伽呼吸。随着甜蜜点平衡的改善，你可以减少训练1的次数，集中精力进行侧身平衡和动态平衡练习。当进行其他训练时，在开始更复杂的训练之前用5～10分钟来进行甜蜜点调整，是很有益处的。

# 第二课：变得失重且顺滑

第一课进行的头部引导技巧训练，能够毫不费力地让自己在水中水平前进，同时把手臂从保持平衡的任务中解放出来。第一课完成之后，现在可以进行"失重手臂"的训练了，让你的"船体"更顺滑。我们在第三章论述过，身体线条更长的时候，阻力会减少，你能不费力地游得更快。这一课会让你的平衡的身体变得更长、更顺滑。

## 成功的 3 个小秘诀

• 在延长从前伸的双手到脚趾的身体线条时，让这条线尽量保持纤长、笔直和流畅，但是不要过度延伸从而产生压力。**从背部延伸，而不是身体前部，这样身体才能成一条直线。**

• 一旦感觉不舒服或不平衡 —— 或是感觉需要使用手臂来提供浮力（在刚学第二课的时候这种情况并不罕见），把延伸的手臂置于身体一侧，重新找到头部引导时的甜蜜点。

• 虽然我们鼓励学员在进行第一课的训练时不用脚蹼，不过在第二课中我们支持通过使用脚蹼来让自己放松。如果你达到了身体的平衡，但是仍旧要费力地打腿，脚蹼可以帮助你减少疲劳，为动作改进保持体力。更有力的打腿并不重要，经济高效的动作才是关键。

## 训练3：手部引导的甜蜜点——延长你的"船体"

**为什么这么做**：为了体验手臂延伸的平衡感，并且把最**顺滑**的身体姿势刻入你的神经系统。手部引导的最佳姿势也是每次训练开始和结束时的姿势。最终，你会发现它是练习浅打水的两种最佳姿势之一（另一个是训练4中的滑行姿势）。

**按照如下顺序进行训练：**

1．从训练1开始，仰面平衡，轻轻打腿。水面是否与泳镜两端齐平？你是否感觉轻松地浮起来了？（不要着急，慢慢找到这种感觉）接着，摆动身体到一定幅度，使一只手臂露出水面。此时，你是否仍感到舒服？从头到脊椎是否成一条流畅的直线？露出水面的手臂是否从肩膀到指节都在水面上？如果不是，回到仰卧姿势，重新开始。

2．"悄悄地"让水下的手臂完全伸展。**你的手应该在水面下1～2英寸的位置。**手掌可以朝着上方、下方或侧方，手臂应该有种向前的漂浮感。

3．下一步，让身体像根针一样。一旦你的手臂向前延伸且不再负担重量，注意查看后脑勺和肩膀之间的空隙，尽量减少这个空隙，**但是要避免造成扭伤或任何其他不适**。最终，确保你的头部和脊椎呈一条直线，水面与泳镜两端齐平，水面上的手臂轻松放于身体一侧，保持从肩膀到指关节在水面之上。

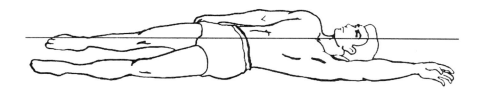

4．一直练习直到你能够惬意地以这个姿势滑行，不管朝哪边侧身都是如此。慢慢来，让你的"香草"侧和"巧克力"侧感觉一样好，此时保持耐心会有很大收获。

**如何练习**：一旦你在任意一侧都感觉到"惬意"，就反复练习一趟距离（其间休息时进行3次以上的瑜伽呼吸），持续7～10分钟，然后换另一侧。在每趟练习中注意以下要点：

1．让指尖到脚趾成一条纤长的直线。在延长手臂的同时，集中精力从背部延伸身体，而不是胸前。

2．从最小的"水洞"中穿过。确保你的头和身体穿过同一"水洞"。

3．悄悄地轻松滑行。轻轻地打腿，保持腿部的延伸和灵活性，且使其始终处于身体的"阴影"中（如果很难实现，可以使用脚蹼）。

4．一旦感觉失去平衡或有不适感，就把手臂放回身体一侧，从头开始。

## 训练 4：滑行姿势中的平衡

**为什么这么做**：这是你第一次有机会体验游泳过程中的平衡感。这也是随后进行的所有换臂训练的第一个动作。最后，不得不提的是，这是第一个针对恰当换气技巧的训练，好的换气习惯可以沿用到全程游。这个训练教授的呼吸方式，是使通过摆动身体而不是抬头或转头来进行换气。摆动身体换气的动作会加深**每次摆动都以甜蜜点结束**这一关键习惯（在训练过程中）。

**按照如下顺序进行训练**

1．从训练3开始，轻轻踩水。仰卧保持平衡，埋头入水，接着轻轻摆动身体，使一只手臂露出水面，最后延伸另一只手臂。要在每个姿势都感觉**很舒服**的情况下再做下一个动作。

2. 在"偷偷"把手臂抬出水面的时候，暂停一下作检查：水是否位于泳镜两端？你是否感觉像一根纤长且平衡的针正在穿过水中小洞？

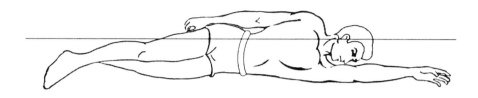

3. 转动头部，直视池底，然后再摆动身体成侧身姿势。在俯身向下的时候，暂停检查：你的视线是否直视池底？你是否保持了侧身平衡且肩膀径直朝上？延伸的手是否在头部以下？（**尽量向下放！**）你是否感觉平衡性很好——甚至有些向下滑的感觉？

4. 保持舒适状态，接着**一直摆动身体回到开始的位置**。在教学过程中，我们会让学员摆过甜蜜点，这样才能呼吸顺畅。如果在摆动向上的过程中感觉不平衡或不舒服，那就说明你的摆动幅度不够。

5. 在甜蜜点重整旗鼓，至少进行3次瑜伽呼吸；然后再摆动到鼻子向下的姿态；避免喘不过气或换气过快。

## 第二课练习计划

让我们来回顾一下已经学习过的内容：平衡和头到脊椎成一条直线；如何让自己更顺滑；感受游泳时的平衡；如何将针形身体摆动到可以呼吸的位置。想要成为像鱼一样的泳者，这些知识**都**至关重要，所以你应该充分利用第二课的训练改善自己的划水，即便在划水动作已经很有效之后，仍有提升空间。现在花些时间来打磨上述所有内容吧。

与第一课相同，按照简单的100码序列来练习第二课的技能：先以仰面姿势游50码（右侧25码、左侧25码），再加上50码的滑行姿势练习

（右侧25码、左侧25码）。每游25码暂停进行休息，做3次以上瑜伽呼吸，然后再练习7～10分钟。每段练习都要确定一个目标。仰面姿势练习关注技巧训练3中的任一要点，滑行姿势可以关注以下方面：

1. **头部位置**。头部始终与脊椎成一条直线。在面部朝上的时候，保持水面与泳镜两端齐平，面朝下的时候位置保持不动，鼻子直对池底。当身体从一边摆向另一边的时候，头要紧靠延伸的那只手臂。

2. **平衡**。尤其是在鼻子向下的时候，集中精力保持水的支撑，甚至感觉自己处于向下俯冲的状态。确保头埋在水里，手低于头部，体重集中在肺部。

3. **真正的平衡**。当你毫不费力地 —— 甚至是慵懒地 —— 滑行时，看着池底的砖块从身体下方一个接一个地流过，你就知道自己实现了真正的平衡。

4. **顺滑**。我们把它称为"滑冰姿势"，就是因为要利用身体从指尖到脚趾延伸的部分，使它变成一条冰刀。能够侧身平衡 —— 此时肩部径直朝上 —— 是在水中最顺滑的姿势。尽量让身体从水中最小的空隙穿过，以减少体表承受的阻力。

5. **呼吸**。在身体从鼻子朝向池底的姿势摆动到滑冰姿势的过程中，始终保持针一样的体形，特别注意要在回到甜蜜点时稍微摆动过度一点，以确保呼吸顺畅。


# 第三课：为你的运动链注入无尽的能量

前两课已经教给你平衡和顺滑的身体姿势。在第三课中，你将学习通过扭转平衡且顺滑的身体核心毫不费力地产生推动力。第三课还会告诉你前3个换臂技巧训练中的第1个。这将是你练习过的最有活力和力量的动作。

## 训练5：水下滑行

**为什么这么做**：你已经在滑行姿势中学会了最有用的平衡。那个姿势会成为其他平衡练习的基础，让你的平衡更有动力。这个训练也是训练6——水下换臂的预演。总之，这个训练能强化侧身游时通过摆动平衡的线形身体来进行换气的关键技能。

**按照如下顺序进行训练：**

1．从训练4开始，耐心地完成之前练习过的4个姿势或动作，其间要一直轻柔地踩水，保持仰面平衡；接着轻轻摆动到甜蜜点，一只手臂露出水面，把另一只手臂悄悄地完全伸展，最终达到滑行姿势。

2．头向下看后，暂停一下进行检查：向下看的同时头部是否埋在水下且与脊椎成一条直线？延伸的手臂是否在头部下方？你是否感觉达到了极佳的平衡甚至有俯冲的感觉？

3．检查完毕后，悄悄地把拖后的手臂从**水下**（越过腹部和下巴）向前移动到鼻子下方。检查是否仍是侧身位、肩部重叠，接着将手划回身体一侧。最后摆动身体稍过甜蜜点。

4．在进行至少3次瑜伽呼吸以后，重复上述过程。你很可能会在25码的距离内完成3个循环。下一个25码，换另一侧进行训练。

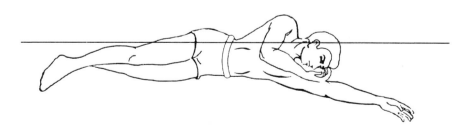

这个水下滑行的姿势也展示了水下换臂的转换时机。

**如何练习**：这里的关注要点同训练4一样，但是多了两个目标：在手划向脸部的过程中保持**侧身姿势**，同时保证身体穿过最小的"水洞"。只练习水下滑行，两边交替练习，或者与第二课训练组成一个系列：训练2～训练5，每个训练50码（右侧25码、左侧25码）。一些运动员练习不到十分钟就能掌握这一训练。如果你感觉已经掌握，就继续下一个训练。如果没有，就尽管进行重复训练，因为水下滑行的技巧在之后的每个训练中都发挥着重要作用。

## 训练6：水下换臂

**为什么这么做**：这是第一个给运动链注入动力的训练，教会你如何把手臂划水和身体核心的摆动连接起来，以获得无尽的推动力。它还能通过换臂的视觉信号，来简化把握前象限划水时机的过程，让你的身体线条保持纤长。

**按照如下顺序进行训练：**

1．在水下滑行的各个动作变得自然之后（可以不假思索地完成），就开始全套训练。从训练5开始，但是当你看到手划到鼻子下方之后，继续向前划动到手臂完全伸展的状态，同时摆动（换边）身体稍稍**超过**另一边的甜蜜点。

2．休息，至少做3次瑜伽呼吸（放松，让呼吸平稳，确定自己的方向），同时检查身体的平衡性，确保身体再次处于甜蜜点。接着，摆动到滑行姿势（鼻子朝下，肩膀重叠）……暂停……在另一侧重复。

3．基本动作很简单，但可以提升的要点很多。依次练习下列的其中一点：

• 耐心。直到看到手在鼻子下才可以开始换臂。

• 当你从水中滑过时，用伸出的手"保持住你在水中的位置"来换臂。

• 摆动**超过**甜蜜点，然后结束换臂。

• 另一个加强的方式是把换臂的目的想象成是要用肚脐换气。在你看到自己的手之后，让肚脐露出水面，头部依然保持向前。

• 换臂过程中保持身体的连接：当你看到手的时候，把手臂、头部和躯干当作一个组合来移动。

• 保持顺滑：在换臂的过程中依然要保持身形像是在穿过最小的"水洞"。

• 集中精力，尽量**安静地**训练。这会帮助你更流畅和更省力地完成任何训练。

• 最后一步：在你看到手和换臂的时候停止打腿，一旦回到甜蜜点就立刻开始打水。

## 训练 7：两次水下换臂

**为什么这么做**：换臂训练可以让你学会有力的、协调的、不费力的核心动作。多次换臂（两次乃至更多次）训练能让动作更有节奏性（稳定的、有节奏的核心摆动），同时保留在甜蜜点的暂停，让你有时间重新思考，评价自己的训练，以便做出更好的调整。

**按照如下顺序进行训练：**

1. 从训练6开始，但是在甜蜜点暂停之前要完成**两次**换臂。

2. 摆回滑行姿势之后，停下来检查你的平衡。向水中倚靠感受浮力，接着悄悄地使手向前。

3. 每次换臂前都要等待手的出现。保持头部埋在水中，两次换臂过程中保持眼睛直视池底。

4. 在甜蜜点结束，做3次瑜伽呼吸后摆回鼻子向下的姿势。

5. 侧向另一侧开始下一段训练：向下看……看到手……换臂……滑行一会儿……看到手……换臂……在甜蜜点换气。

6. 左右两侧都要训练，直到你能轻松、平衡地滑行……直到你换臂的时机达到一致。

## 训练 8：三次水下换臂

**为什么这么做**：这个训练能让你游得更像鱼，同时可以感受游泳的节奏。

**按照如下顺序训练：**

只需在前一个训练的基础上再增加一次换臂。用额外的时间去感受如下要点：

• 保持头部埋在水中。在 3 次换臂的过程中，水应该从后脑勺上流过。

• 保持换臂时机的一致。就在看到手划到鼻子下方时开始换臂。

• 两手不管是向前还是向后都要完全伸展，接着滑行**一阵儿**，然后重新开始下次换臂。

• 滑行过程中，感受躺在水中的浮力。**这就是**好的平衡感。

• 始终保持**穿**水而过，尤其是在悄悄划动手臂进行换臂的时候。

• 当上述所有感觉都自然的时候，看你能否在 3 次换臂的过程中暂停打腿，然后在回到甜蜜点时再开始打腿。

• 最后，缩短换臂间的滑行。减少摆动幅度，提升节奏感。

---

## 不要纠结打腿：如何让打腿更有效、更放松

大部分成人泳者打腿太过用力，不是因为他们想要这样，而是因为他们感觉自己在下沉。这样的打腿，不仅缺乏足够的动力，浪费精力，还会破坏节奏和任何变得流畅的可能。对大多数人来说，最理想的打腿

是不外露的，几乎不费力气。训练是用有效打腿——即两次打腿（换句话说，就是每个划水周期里打腿两次）替换费力打腿的最佳武器。

练习时唯一明显的划水应该是在甜蜜点的一次轻轻的打腿，以维持循环之间的动力。但是当通过身体摆动提供动力的时候，就可以让腿部放松一下。你可以通过换臂训练来训练腿部，把握两次打腿的时机。这样的打腿方式能极大地帮助身体从一侧摆动到另一侧，为前进提供巨大动力。以这种方式打腿，游一天都不会累。

学习过程很简单。在进行任何换臂训练的过程中，换臂时都停止打腿，试着在平衡状态滑行且在甜蜜点保持腿部绷直，滑行一会儿再开始轻松、稳定地打腿。在摆动身体到鼻子向下时，继续轻松地打腿；手向前切入水中开始换臂时，停止打腿，用重心转换与身体摆动产生的动力推动身体向前滑行。在甜蜜点重获平衡之后，再开始打腿。

多次换臂训练同理。在单次换臂的时候，当身体处于甜蜜点和摆向滑行姿势时，开始轻轻打腿，但是一旦手切入水中开始第一次换臂，就停止打腿。两腿并非完全不动，相反，一条腿应该在每只手入水的时候向下打水。右手入水，左腿打水；左手入水，右腿打水。

不要**试图**用大脑协调这个动作。相反，在你停止腿部打水开始换臂时，集中精神让腿部自然而然地做出动作。你的手脚已经可以很熟练地以这种左右均衡的方式移动了，就和跑步与散步一样。右臂和左腿一起向前，然后是左臂和右腿。

---

## 第三课练习计划

前两课的动作和协调训练相对简单。尽管我们用放缓学习曲线的方式来呈现这一课的内容，但第三课的动作确实更复杂。复杂的内容，容易让人迷惑。有两个方式可以让它变得简单：（1）在第四课之前花更多时间练习第三课；（2）花费更多的时间练习第三课的每个单项训练，然后按照如下顺序把它们组合起来。

以下的训练组合序列可供参考（进行至少10分钟的热身，内容是复习训练2～训练4的练习）。

**200码反复游**

• 进行训练2～训练5的练习，每个训练进行50码（25码右侧、25码左侧）。

**100码反复游**

• 25码右侧水下滑行，25码水下换臂，25码左侧水下滑行，25码水下换臂。

**150码反复游**

• 50码水下滑行（25码右侧、25码左侧），50码水下换臂，50码两次水下换臂（25码右侧平衡、25码左侧平衡）。

• 25码右侧水下滑行，25码水下换臂，25码两次右侧水下换臂，25码左侧水下滑行，25码水下换臂，25两次左侧水下换臂。

第三课的技巧训练至少要投入总计数小时的练习，每段之间进行休息时至少要做次个瑜伽呼吸，然后再开始下一阶段的练习。同样地，在每个练习周期之间的甜蜜点进行3次瑜伽呼吸。


# 第四课　掌握放松的小幅度移臂

在掌握了第三课的技巧之后，你应当体会到了鱼式游泳的两个重要因素。首先，如何通过手部固定于水中某一点来获取无尽的动力，同时身体动态摆动越过那一点。其次，如何在让身体线条保持纤长的同时"躺在肺部"有节奏地运动。下一步我们要让你通过放松的小幅度移臂加强肌肉记忆，更确切地感受平衡。我们费尽心机地为划水打下了平衡的、一致的基础，所以我们不想让手臂摆动的再次加入破坏这个基础。这一课教你的移臂方法，既省力又连贯，还能减少阻力。

## 训练 9：拉链式滑行

**为什么这么做**：训练5的水下滑行是训练6水下换臂的运动学演练，练习的是动态平衡。拉链式滑行和拉链式换臂同理，前者为后者作准备。但这个拉链式滑行训练对于全程游泳来说更有意义，因为它能让你更强烈地感受到"躺在肺部"的感觉。一旦你**切身**感受到了这一点，你就会知道如何去完成一个真正放松的、从容不迫的划水。

**按照如下顺序进行训练：**

1．从训练5开始。当你处于滑行姿势时，不要在水下移臂，而是要把手沿着身体一侧慢慢拉动（好像在拉动拉链一样）。如图所示，手一直放在水面下。

2．尽量用肘部来带动此动作，手部下垂，直到肘部和手到达耳边。小诀窍：侧身躺在池边或是家里的地板上，可以很好地练习这个动作。

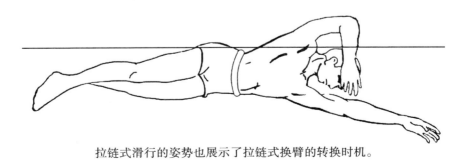

拉链式滑行的姿势也展示了拉链式换臂的转换时机。

　　3．一旦你的手臂处于如图所示的"鲨鱼鳍"位置，快速检查肩膀是否堆叠，接着手向下向后滑动。最终**一直**摆动针形身体**回到甜蜜点**。进行3次瑜伽呼吸，然后再次重复训练。

　　**如何练习**：随着时间的推移，这将成为最有效且经常练习的平衡训练。它会让你更清楚地认识到：（1）你能达到何种程度的平衡；（2）你的支撑"浮标"在哪里；（3）如何带着这个意识逐步提升平衡。在你学会基本动作（尤其是肘部带动手且手放在水面下）之后，我建议你执行"练习到生厌"的策略，真正开发你的运动平衡意识，并把它刻入神经系统。在接下来的1～2个月的时间里，你可以每周做1次这个练习，每次15～30分钟，不停歇，相信每趟都会有不小的收获。以下是一些练习要点：

　　1．手臂伸向前的时候你是保持稳定还是即刻下沉？如果你立刻下沉了，应确保体重前压，延伸的手臂位于头部以下。你的目标——万一下沉了——应当是以水平的姿势下沉，即腋窝与臀部和双脚成一条直线。学会保持这种均衡姿势至关重要。如果你很容易沉入水中，把手拉向肩部，然后再将手**快速**划回身体一侧。

　　2．如果手臂向前的时候身体能保持稳定，肘部固定于肩部上方"滑行"几秒。手臂悬空的重量会让你清楚地感觉到"躺于肺部"的平衡感。如果在上述过程中你感受到了平衡，以非常慢的速度再练习一次。这将是最接近全程游泳的平衡感。

　　3．集中精力感受移臂的手的阻力。不要抗拒。相反，要屈服于这种阻力，让手和手臂变得柔软。你能让移臂的动作有多么紧凑和轻柔？

　　4．如果你是"下沉者"，脚蹼能让你感受到平衡泳者获得的稳定浮力。

## 训练 10：拉链式换臂

　　**为什么这么做**：你所学习的放松且从容不迫的小幅度移臂，是有效连接手臂划水动作和身体核心摆动力的关键。这个训练还能让你学会把握前方象限的时机，让身体线条在整个划水过程中保持纤长。这个训练中有意识的夸张做法是将手在切入前方水面之前贴着耳朵，这样做能够纠正最常见的过度伸展倾向。

**按照如下顺序进行训练：**

1．从训练9开始。有意识地从甜蜜点转移到滑行姿势，接着检查平衡状态，感受巨大的浮力，使延伸的那只手置于头下方。

2．手在水中做一个"拉链式移臂"，肘部带动手尽量向前伸。感受手部的阻力，但是不要与之对抗。放松手臂和手，让它们尽量贴近肩膀和耳朵。

3．一旦你的手赶上了肘部，在**向前切入**水中的同时换臂，摆动到另一侧的甜蜜点。

4．在甜蜜点保持放松，滑行尽量长的时间（大概3个瑜伽呼吸的时长），接着在另一方向重复练习，同时关注如下要点：

• 一个从容的小幅度移臂。继续专注于在尽可能小的空间中换臂，但是这个空间现在处于水面**上下位置**。

• 手部可以提早一些入水，贴近头部。让你的手贴着耳朵入水，以纠正过度伸展的倾向。

• **静静地**练习，花些时间**切**身体会移臂中进行换臂的时机。

• 继续感觉换臂过程中手臂与身体的各种"连接"。


## 训练 11：两次拉链式换臂

**为什么这么做**：与两次水下换臂一样，两次拉链式训练能为你刚学会的动作带来节奏感，这样离真正的游泳就更近了。

**按照如下顺序进行训练：**

从拉链式换臂开始，但是要在甜蜜点暂停之前做两次换臂。

1．在你摆动到滑行姿势的时候，检查你的平衡。感受水对身体的支撑，接着手向前拉。感受水对手部的持续阻力。

2．手拉到耳侧换臂。

3．保持头部埋在水里，两次换臂的过程中要直视池底。

4．在甜蜜点结束，休息3个瑜伽呼吸的时长，然后摆动身体使鼻子向下。

5．下一时段在另一侧重复上述步骤。

## 训练 12：三次拉链式换臂

**为什么这么做：**我们快要开始全程划水的游泳了。更多次的拉链式换臂训练能让你更好地从技巧性训练过渡到优雅的游泳。

**按照如下顺序进行训练：**

当你感觉身体平衡、节奏稳定，移臂也从容轻松的时候，开始三次拉链式换臂训练。这里的关注点和三次水下换臂一样：将头部埋于水中，保持核心运动节奏的稳定，换臂时机保持一致。以下是一些具体的执行指令：

• **埋头**……水应该从后脑勺流过……直视池底，看着自己毫不费力地掠过池底的砖块。

• **低调地游**……"拥抱"水面，好像你在低矮的天花板下游泳。

• **"刺穿"水面**……在水面上下穿过的空间都要尽可能小。

• **放松手臂和手部**……感受水对手部的阻力，但是尝试在移臂的过程中不要激起水花。

• **感受水的完全支撑**，利用它让手尽可能慢地向前移动。

• **最后需要注意的是**，练习时不要发出声音。

## 第四课练习计划

由训练到游泳的过渡由此开始。第四课教给你动作和协调感的相关训练方法，几乎和游泳时的感觉一模一样。我建议你不要把时间平均分配给这一课中的3个训练，你可以这样做：花费很多时间来进行拉链式滑行训练，以形成随后训练中能助你成功的绝佳平衡；接着花费足够的时间来进行拉链式换臂以掌握换臂时机。掌握技巧后，再花费更多的时间，来进行三次拉链式训练，因为它会教给你很重要的技巧，比其他训练更能让你成为真正的高效泳者——能够真正地使你在任何距离的游泳中漂浮于水面而不会觉得呼吸困难。可按照如下顺序进行练习：

**100 码反复游：**

• 25码右侧拉链式滑行，25码拉链式换臂，25码左侧拉链式滑行，25码拉链式换臂。

• 5码水下换臂，25码三次水下换臂，25码拉链式换臂，25码三次拉链式换臂。

**150 码反复游：**

• 进行训练3、训练4和训练9的练习，每个训练50码（左右侧各25码）。

• 50码拉链式滑行（左右各25码），50码拉链式换臂，50码多次拉链式换臂。

• 25码右侧拉链式滑行，25码拉链式换臂，25码三次拉链式换臂，25码左侧拉链式滑行，25码拉链式换臂，25码三次拉链式换臂。


**附加练习：更多拉链式换臂**

想要极大地提升在水中的舒适度和流动性，只要集中精力投入三次拉链式反复练习即可。可以集中做25码反复练习，每次练习结束后休息3～5个瑜伽呼吸的时长。可参考训练13的关注点列表，每次反复练习其中一个目标，持续关注不同方面的感受直到你感觉它们已"融入"你的动作模式。当你的动作变得更加放松和流畅时，**做更多的换臂**——5～6次——然后回到甜蜜点。但是不要把练习变成个人的憋气比赛。真正有效的泳者能毫不费力、从容不迫地在25码的距离内连续进行拉链式换臂，因为他们是如此高效以至于只需要很少的氧气就能游完一个泳池的长度。

# 第五课：来见识下你的新式划水

尽管不难掌握，但是你将掌握以后都会用得到的精准的划水动作。对一些人来说，训练12和训练13就是他们的"游泳"，至少有段时间如此。第五课最大的价值在于，它能让即便是处于初级学习阶段的人，都能轻松地练习鱼式游泳，训练12和训练13尤其如此。

## 训练13：出水换臂

**为什么这么做**：我们的最后一项训练，是要告诉你新的"鱼式"划水是什么感觉。实际上，你将会带着新的划水动作游泳，其间会在甜蜜点暂停。这个练习会强化你的水下换臂与拉链式换臂这两种换臂的时机。那个时机会帮助你游得**更高**。它会让你练习一种灵巧的刀子一般的入水方式。这两种技巧都能帮助你的手臂从身体核心的旋转中获得无尽的动力。

**按照如下顺序进行训练：**

1. 这个训练是拉链式训练系列的延伸。从三次拉链式训练的最后一个节段开始，确保你的移臂幅度足够小且足够放松，甚至是慵懒的。在第二阶段，抬高你的移臂手，让它几乎未清理掉沾的水就再次快速入水。每轮进行3次以上"换臂"，最后停在甜蜜点。

2．练习中关注以下要点：

• 让头埋在水里保持稳定。换臂之间继续观察池底的瓷砖。水应当在大部分时间里流过你的后脑勺。

• 耐心进行换臂：等移臂的手臂到达耳侧，再开始"拉动"延伸的那只手。换臂之后马上让手部入水。

• 把手放在泳镜正前方。用手指破开一个洞，让手臂干净利落地穿过那个洞。

• 逐渐把重点从换臂的时机转移到**核心摆动**的节奏上。

• 一旦你感受到身体的节奏，调整身体摆动，做出更流畅、节奏感更强的无缝衔接的动作，没有任何迟疑和中断。

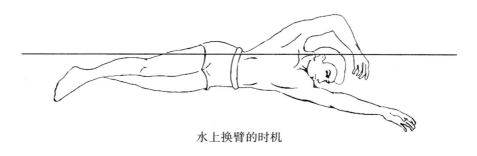

水上换臂的时机

3．如果你感觉很棒且没有刻意去呼吸，可以增加换臂次数。大部分全浸式学员都能够轻松地进行4～6次换臂。关键是保持放松的、毫不费力的换臂和摆动节奏。你可能会发现自己竟然能够完成整个25码，中间没有任何停顿。

## 第五课练习计划

假如没有在甜蜜点暂停，这里的多次换臂练习其实就是游泳了。以技巧训练为基础的练习会帮助学员减少压力，以及一些让人退回到"人类游泳"旧习惯的状况。尤其是在早期，用第四课的训练来调整第五课的计划是很有益的。如下是150码的练习计划，以供参考（继续采用每25码休息2～3次瑜伽呼吸时长的方式）。

**150码反复游：**

• 25码右侧拉链式滑行，25码拉链式换臂，25码右侧两次拉链式换臂（在左侧呼吸），25码左侧拉链式滑行，25码拉链式换臂，25码左侧两次拉链式换臂（右侧呼吸）。

• 25码右侧拉链式滑行，25码三次拉链式换臂，25码三次出水换臂，25码左侧拉链式滑行，25码三次拉链式换臂，25码三次以上拉链式换臂。

• 50码拉链式滑行（左右各25码），25码拉链式换臂，25码三次拉链式换臂，25码出水换臂，25码三次出水换臂。


## 惬意地进行 3 次出水换臂

精力集中的3次出水换臂练习会让你的动作更流畅。在7～15分钟内，反复进行25码练习（每段休息2～4次瑜伽呼吸时长）。尝试做4～6次换臂，然后在甜蜜点暂停，进行3次瑜伽呼吸。以下是注意要点：

• 向下看，让水流过后脑勺。

• 向水中倚靠（下坡游）让你的臀部和腿部感觉舒服。

• "拥抱"水面。手伸出水面的时间尽可能短，回拉时就在泳镜旁边。

• "刺穿"水面。从水面上下最小的空间穿过。

• 放松你的移臂，手尽量慢地向前伸。

• 用指节（如果戴了拳套®）或指尖切开"水洞"，整条手臂都要干净利落地穿过"水洞"，直到手臂位于头部以下。

• 延长你的"船体"。感觉你的手正在漂浮向前，且不紧不慢。

• 确定换臂的时机。

• 尽量安静地前行。

# 第六课：过渡到游泳

所有游泳动作都已就位。剩下的就是去掉在甜蜜点处的暂停，替换为有节奏的换气。这里你的目标是让换气成为身体摆动节奏中自然而然的一部分（次要目标是能够在任意一边顺畅地换气）。让我们来复习一下你已经做好的准备吧。

1. 在3种不同种类的滑行中，你已经学会通过摆动身体来换气（而不是转头换气）。可以用滑行、水下滑行和拉链式滑行来强化这一习惯。

2. 在水下滑行和拉链式滑行训练中你已经学会让头部与身体保持连接且成一条直线，同时通过摆动身体来换气，用这些训练来强化这一习惯。

3. 在三次拉链式换臂和三次出水换臂的训练中你已经培养了身体核心摆动的节奏感。用这些训练加强你的节奏感。

4. 你已经在所有14个训练中强化了身体平衡，这种平衡感的提升让你不需要把前端手臂伸向池底就能换气。集中精神保持平衡，在换气过程中让身体保持绷直。训练中拳套®的加入（见第十三章）——不管是保持训练还是游泳——都对训练"不承重"手臂很有帮助。

我们用三次出水换臂练习实现了向游泳的过渡。做一系列25码反复游，每次重复间尽可能多地休息（5次以上瑜伽呼吸），以保证下次开始的时候精力充沛。每次从一个正常的（但是"刺穿"水面）的蹬壁开始，至少进行4次换臂的滑动，然后再开始第一次换气。在这个过程中不要憋气，要感到轻松和不费力气。从几个不间断的换臂开始的目的是确定核心摆动的节奏，而不能让手臂来带动。一旦感觉找到了毫不费力的放松的节奏，你就可以在节奏中加入换气且不会被打断。动作指导如下。

1. 第一次呼吸只是让身体**摆动到右侧有空气的位置**，然后很快回到另一侧。

2．在开始呼吸前尝试换臂的过程中不要打断摆动节奏。

3．如果呼吸进行得很顺利，几次划水后，以同样的方式再来一次。如果你的节奏稍乱，尝试在下一个划水周期进行一次顺畅的换气。

4．如果你失去了控制，下一次呼吸的时候**回到甜蜜点**，然后思考如何在下一个25码提高你的呼吸技巧。

耐心一点。一些游泳者能立刻将换气无缝融入，而另一些人，尤其是那些平衡感较弱的人，可能需要好几周的时间才能学会在保持前几节课好不容易才学会的控制与协调的情况下，加入有节奏的换气。下面是一些游泳的小技巧：

1．不承重的手臂至关重要。在多次换臂训练中，集中精力让你的手臂在入水到达泳镜一旁的时候漂浮向前。当你进行第一次换气时，尤其要注意手臂不承重的感觉。你的手应该在换气的时候向前移动。**拳套®可以帮你！**

2．保持换臂的时机一致。加入换气的时候仍旧在那一时刻换气。

3．尽量摆动得远一些。旧的习惯或许会让你抬起或转动头部。在你摆动头部、颈部和躯干的时候，要把它们当成一个连接的整体，像一条直线一样摆向空中。**一直朝空中**摆动：如果你没法轻松换气，就摆得**更远些**。

4．慢下来。一旦感觉失控，就放慢进程。安静一些，再轻柔一些。不要让自己感觉慌张。而且，我是不是跟你说过**拳套®可以帮你**？

< 第二部分 >

# 训练与尝试

## 走上更明智的健身之路

# 第九章

# 训练及方法

"体能是练习正确技巧的副产品。"

如果我训练班的学员回去后几乎忘记了所学的内容，我希望他们至少要记得这句话。这是整个全浸式训练的基石，尽管听起来很啰嗦，但是怎么强调都不过分：游泳速度的70%来自划水技巧，只有30%来自肌肉和心脏——即为划水提供动力的那部分。在全浸式训练课上，通常在把这句话重复2到3次之后，我能在一些运动员的眼睛里看到他们的内心活动："哇！这家伙说，我们不一定要经过训练才能进步！太省时间了！"

但，这可不是我想表达的意思。我是在修正训练的重点，并非赞同偷懒。首先，30%虽少，但不意味着能把这部分抛在一边。更重要的是，假如你在游泳的过程中失去了动力，即便是一个非常高效的划水也没用。体能训练在全浸式体系中有其重要的位置，你对训练的作用了解得越多，你就越清楚如何规划自己的训练。

我对训练的定义很简单：可以将训练的效果归纳为一种感觉——一种几乎是无限的能力，不管是练习中令人满足的深呼吸，还是训练过程中始终保持着的轻松感，甚至是会坚持训练下去的决心。这恰好是衰老的反面：让你自己（和你的细胞）做得更多而非更少。所以直到开始有衰老的感觉，我才完全理解训练的效果。接下来我要讲讲过去的经历，不知你是否会感到熟悉。

大学4年是我体形最好的时候，每天2小时严格的体能训练让我能不知疲倦地游泳。我做什么都有充足的能量。但20岁的时候就**应该**是这样的。

21岁前我就随意地退出了游泳比赛，与上述情况有一定的关系。那时还没有成人游泳赛，没有了比赛，训练还有什么意义呢？

接下来是平静的16年。本科时精瘦结实的身体发福了，变成了松弛的"爸爸身材"，在院子里扫个树叶都喘不过气来。我对此并不感到开心，但是早已习惯无忧无虑的生活。

很快我的37岁生日到了，警报在这时响起了。我伸手从车后座拿了一个很轻的包，结果扭到了身子，3天后才能下床。这让我很受打击，我发誓要重新开始规律的游泳训练。

可以预见的是，头几个月困难重重，令人沮丧，我要费尽心力去调动闲置已久的肌肉和心肺。一段4英里的艰苦训练，对大学时的我来说，简直是小菜一碟。但现在的我能游1英里就不错了。但是我没有放弃。我用快节奏的短程练习代替没有停顿的马拉松式练习，直到一切感觉轻松，我才把距离拉长。

一天又一天，一周又一周，接下来的几年里，我的能力在逐渐提升。第二年的时候，我可以轻松地完成3000码的练习，而前一年只能游2000码。第三年，距离轻松地增加到了4000码，第四年我开始准备参加5000米（3.1英里）世界成人游泳锦标赛，我可以毫不费力地完成5000码的训练。最棒的是，快40岁的时候，我感觉自己比10年前还要年轻。

那么，训练的作用除了"返老还童"，还有什么呢？通过压力增强力量。哲学家弗里德里希·尼采的名言："杀不死我的让我变得更强。"他这么说的时候，或许想到了我们从训练中获得的好处。给一个有机体施加压力，它会崩溃，接着会进行自我重构，从而变得比之前更强。让肌肉承担比平常更重的力，它只能更用力。痛苦！让肌肉**定期**负担这样的重量，它会自我调整以适应新的要求——只要它能在训练之间获得休息，进行自我修复和增强。这是一场拉锯战：后退一步进行休息，然后再前进两步。

训练的起点不是镜子或一些人错误信奉的"好身材"，而是心脏——它也有可以提升的肌肉。心脏的负荷量被称为心输出量，即单位时间内可循环的血液量。训练的目的是提升心输出量，这是肌肉能力的关键指标。

心输出量是心率［脉搏，或者每分钟心跳（BPM）× 每搏输出量（每次跳动泵出的血量）］的产物。通过锻炼定期给心脏施加压力，心肌会像其他肌肉一样变得更大、更强，从而提升每搏输出量。你的心脏每次收缩能泵出更多血液，相应地运动时收缩的次数就会变少。所以，训练渐入佳境时，要么你能更轻松地（**感觉**更好）以同样的速度完成同样的练习（比如游1英里），要么和过去一样努力但是游得更快了（表现更出色）。同样的能量消耗，过去让你用40分钟游完1英里，现在可能只需要35分钟就能游完1英里。大部分人都会选择这样做。

其他肌肉当然也会从训练中受益。它们会从血液中提取更多氧气为自身提供动力，同时排出废物，或许还会增大体积。

大部分运动都会锻炼到心脏。但是参与心脏循环的大部分血液会进入躯干肌肉去真正做功，让身体在跑道上或泳池中移动。游泳使用的肌肉群与跑步不同，游泳锻炼的身体部位与跑步也不相同。我每年都在强调，你不可能只通过投入更多训练就能避开这一差异。如果我一整个冬天都在为春季举办的地区或全国性成人游泳锦标赛作准备，到四月份的时候，我的体形正适合3英里的短距离的间歇重复训练——相当于进行

12英里的跑步锻炼，甚至不会流一滴汗。但与此同时，参加春季第一次赛跑时，区区3英里我都受不了。同样是高强度的心输出量，显然我的跑步肌肉已经不知道如何有效运作了。不过，如果我咬牙撑过令人沮丧的阶段，几周之内我就会感觉更好——与"游泳状态"相比，我的心血管系统会更快地进入跑步状态。

这就是交叉训练的价值所在。

这也是训练专一性的理论基础。举个例子，训练你的骑行肌肉不会让你成为更好的泳者。实际上，就像我在前一章中提到的那样，专一性甚至可以具体到你想学会的某项运动的方方面面。你甚至会在同一运动的不同阶段，比如不同的划水方式，动用特定的肌肉群。如果训练的时候是游自由泳，比赛时是蛙泳，我打赌我的肌肉一定会在比赛中途停工。显然，蛙泳的肌肉还没准备好比赛。尽管之前已经做了很多训练，但是并非是针对蛙泳肌肉的。

当然，即便每次单独的训练都针对特定的肌肉，它们对不同训练强度的反应也不同。在有氧训练中，肌肉消耗能量去产生动力，可以持续很长时间。无氧训练则更剧烈，依赖于肌肉中储存的能量且不消耗氧气，但是存储能量的供应是有限的，你很快就会感到疲劳。

有氧和无氧运动的差异不仅在于不同的能量来源，它们也会在不同时间发挥作用。正如我们所说，有氧的动力供给是中等速率，但是会持续很长时间，可以提升你的耐力。无氧运动供能的速率更快，最适于短时间内提升速度，但是很快就没力气了。就好像你的体内有两个油箱，一个阀门大，另一个阀门小。大阀门可以驱动巨大的八缸引擎，但是不能长时间运作，燃料很快就没了。小阀门或许只带动了四缸引擎，但是可以跑上一天。

如果你喜欢游得快，尤其在参加比赛的时候，训练的任务是确保无氧运动的油箱是满的。就算一天进行了10000码的有氧游，另一个无氧油

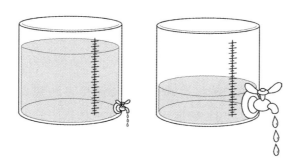

箱除了烟雾就没别的东西了。唯一的方式是用无氧训练来填满它。

这说起来似乎很容易，但是做起来就没那么容易了。无氧运动很辛苦！无氧运动越多，你的肺的灼热感就越强，你的胸腔跳动得就会越猛烈，你的肌肉就会开始抽筋。这就是无氧训练轻易地被推后的原因。但是如果你的目的是参加比赛而不仅是保持体形，就不能只做有氧训练。

比赛距离越短，无氧呼吸的强度越大。在50码的比赛中，在短短的30～40秒内，90%的能量都来自无氧"油箱"。但是在1英里的比赛中，通常会耗时20～30分钟，超过90%的能量则来自有氧"油箱"。

通常情况下，不同赛事的训练方式应该与比赛方式相匹配。耐力训练（更长的训练单位、更短的休息、更轻松的节奏）可以拓展"气息"，冲刺训练（更短的训练单位、更长的休息、更快的速度）则通过让你游得更快更猛来提升"速度"，在这个过程中你的肌肉会极度渴望更多氧气。如果渴望足够强烈，它们最终能学会从血液中提取更多氧气。

这被称为最大摄氧量（老运动员对 $VO_2 max$ 的俗称），但是这不是唯一提升有氧/无氧的方式，另一个方式 —— 我敢肯定现在你早已不陌生 —— 就是更好的划水。既然游泳速度的70%来自划水，就像我反复念叨的那样，好的划水技巧可以让你不需更多的付出或燃烧更多能量就能实现更快的速度。经济有效地进行游泳，用修长平衡的体形减少阻力，你自然就能游得更快，进而就能跨过那令人畏惧的**无氧阈**。

但是，如果在训练中采用一种方式，比赛时却用另一种方式会怎样？这两种关系会不会密切到让我们获得一个体面的结果？不，不会的。我自己有类似的痛苦经历。

1992年，我为了备战世界成人游泳锦标赛的5000米比赛而进行训练，我自以为合理地采用长的训练单位和短的休息计划会有一定的效果。一个持续1小时的比赛只会用到1%～2%的无氧呼吸能量。为什么要花时间做无氧训练呢？

但是这种状况下我特别想做些什么。所以距离大赛还有一段时间的时候，我参加了本地的一项成人赛。100码自由泳是第一个项目，我极度自信地认为，我的高强度和低休息的训练系列已经让我的体形达到了大学以来的巅峰，所以这个比赛会很轻松。

一开始，确实如此。我一头扎进水里，强势地游完了50码，但是在后半段我却泄气了，好像有什么不对劲。我不可能会累啊！怎么已经累了呢？

是的，我会累。在游完75码转身的时候，我的肌肉扭成一团，我感觉好像穿了一件厚外套而不是泳衣。挣扎着完成这个短距离比赛的努力让我有足够的理由去反省，如果之前做了哪怕一点点的速度训练该有多好。我或许已经具备了完美的有氧运动的体形，但是无氧"油箱"早已干涸。

## 所以你训练的目的是什么？

如果一开始没弄明白为什么训练，你就没法充分利用训练的时间。你想变得健康？在水中更自由？体格变得更强壮？赢得比赛？这些都是进入泳池的好理由，同样也需要不同的准备工作。

当然，我刚做教练的时候，只是依赖早期做游泳运动员的经验，对训练的针对性一无所知。其他教练也不明白。我们的方法是通过反复实验——潜心苦练直至比赛获胜——来找到可行的训练计划。如果你可以承受持续的压力直到隔壁泳道的选手崩溃，你就赢了。所以教练的工作很简单，就是不断给运动员施压，不断增加训练难度，不断提升运动员对痛苦的耐受度。

与游泳运动员合作时间越长，我就越能感觉到真正训练的复杂性。肌肉极度渴望休息，因为只有在休息的时候它们才能通过重建获得提升，训练神经系统适应更高效的游泳比摧残身体重要得多。一下子，训练被分解成了任何人都可以适应的一系列选择。你不需要在二十多岁时成为大学运动员后才能考虑"进行训练"，你也不需要每天都通过摧毁自己才能到达想要的终点。因为你可以为了以下任意一个目标而努力。

**基本体能：**如果你的目标仅仅是获得心肺的强健，希望一整天都感觉精力充沛，你可以通过定期的30～40分钟的游泳练习达到这一目标，每周3～4次即可。除非你准备参加游泳比赛，不然基本的低强度训练就能满足你的需求。如果游泳的目的是对其他高强度运动的调节，你需要在游泳训练中让所有的肌肉放松。

**训练体能：**填完了比赛申请表，基本的体能已经不够了，不管你是否意识到这一点。无论是参加非正式的成人赛、艰难的公开水域比赛，或是首次报名铁人三项，你的训练目标要定得更高——要具备处理困难且要求较高的体能锻炼的能力。

训练体能是在身体准备好比赛之前就要达到的目标。你必须做好准备，为比赛训练打下基础，不要莽撞地一头扎进去。成功的训练从小的适应性练习开始，逐渐进入状态，而不是突然间让自己投入真正的训练。你需要慢慢地"加大训练量"，逐渐加大单位练习负荷、延长锻炼时间和增加训练频率。当然，你也要加大强度，可以用本章前半部分提到的无氧训练。参加的比赛时长越长，你就越要及早做好准备，不管是1分钟之内的比赛或是著名的100码自由泳，还是三个多小时的奥林匹克标准铁人三项。你不可能突然间从每周训练2小时增加到每天2小时。

**比赛体能：**比赛与锻炼截然不同。我们大多数人在比赛的时候会拼尽全力（毕竟，那是**比赛**啊），但是在训练的时候都会有所放松。

从技术上来说，其实没有所谓的"比赛体能"，因为这是个过于宽泛且不具实际意义的概念。你要准备的不仅仅是一次比赛，而是100码自由泳、200码蛙泳或是400码个人混合泳。如果你的身体还没有准备好，不清楚身体如何在具体赛事中运行以适应其难度，你就没法胜任比赛强度。

这是很容易忽略的基本常识。还记得我在短距离赛事中的失利吗？我花费了几个月的时间为了一个多小时公开水域的3.1英里（5000米）赛事的稳操胜券而作准备，把自己变成了一台精密的有氧机器。但是在距离这一重大比赛还有几个月的时候，我偶然参加了一次100码自由泳比赛。我本应该在58秒左右的时间里完成比赛，但是肌肉在60多秒煎熬的中途就罢工了，含蓄地提醒我：如果你的训练没有在某种程度上重现比赛的氧气需求，你的身体一定会背叛你。它喜欢熟悉的感觉，不喜欢惊喜。

如果你参加不同距离的比赛，没法针对其中某一项进行训练，那就先确定哪一项对你来说最重要，然后把精力集中在那一项上。剩下的部分就只能是自求多福了。即便是教练也没有有效的办法。我最擅长的比赛是1英里赛，但是也没法拒绝偶尔的短距离赛事。所以，我做了足够的有氧训练来维持像样的1英里赛表现，同时见缝插针地进行一些无氧训练，至少让我的100码表现别那么糟糕。

**获胜体能：**为比赛体能作准备而"加满的油箱"让你能够完成比赛，开心地回家。在此基础上增加的力量和速度，能让你最终走上领奖台。但是游泳比赛中力量和速度的实现与其他运动有所不同。

这就是为什么一些教练会把游泳称为力量限制型运动。随着速度的提升，阻力呈指数型增长。速度提升1倍，水的阻力增加3倍，所以快速移动需要很多力量。但是你不能只倚靠重量训练来构建这种力量，因为力量要符合划水的动作，即便是维持同样的速度。这样，就又回到专一性问题上来了。

泳者必须通过超短、超快的反复游，来让肌肉学会把每一根肌肉纤维都融入其中。因为高速就等于强耐力，后者帮助肌肉形成比赛中必需的力量。这就像在杠铃上加上最重的杠铃片一样，只不过这个过程是在泳池中进行的。

"超短"也并非比喻。短距离选手全力以赴的训练距离才12码，并且很少超过25码。不过他们有时会用游泳圈和划水板来增加阻力。更长距离的游泳运动员仅仅通过比参赛时游得更快来培养这种能力。原理并不复杂。假设1500米比赛的时候每100米的速度是1分20秒（等于20分钟完成比赛），那就用1分10秒的速度完成100米的练习，甚至可以用35秒的速度进行50米反复练习，那么在1500米比赛中的表现就会有所提升。

力量，如我们之前所说，当然不等于速度。一个强壮的游泳选手，如果效率低下，就只能是一位平庸的选手。还记得亚历山大·波波夫这位伟大的游泳选手吗？他赢得比赛的原因是划水比其他人更长，即便是在速度最快的时候。这在你移动慢的时候就很难做到了，冲刺的时候就更不可能了。1英里的平均划水速率是1分钟70下，在100米比赛中，这个数据会达到1分钟110下。同时，单位时间划水次数（划水频率）有微小的提升，每次划水的距离就会急速下降，因此很容易做无用功。所以不要认为最容易开启比赛生涯的是一些短而轻松的赛事（200码到500码的比赛可能是最好的切入点，通过平衡必要的准备训练和赛事长度，让你能够通过练习本书中的游泳技巧来提升表现）。成功的短距离选手耐心地花费很长时间教会自己的肌肉如何移动，不仅是快速移动，还要更长、更流畅。肌肉训练得最好的选手，往往就是最终的赢家。

无论你在训练金字塔的哪一层，无论是刚打下游泳的基础，还是已经攀升到顶端，并开始不断完善自己的力量和速度，都不可避免地会遇到同一个问题："接下来还能做些什么？"大部分运动员没有教练来指导他们比赛，他们往往认为已经知晓了训练的诀窍："如果某种方式效果很好，做得更多一定会有更好的结果。所以我会尽可能多地训练，就像我能尽可能快一样。"然而在游泳这个伤病相对较少的运动中，他们很可能会落下伤病。

这并非是成功之路。循序渐进——通过逐渐提升训练要求让身体更强壮——是有效训练的最重要的基础（见轻松训练的部分）。但是在游泳这个项目中，成功很大程度上来自技术提升而不是生理改善，因此处理方式略有不同。

传统的训练进程是这样的：认为只要提高要求，肌肉就能不断提升适应性，所以尽情地做10磅的屈臂，肌肉能够很好地适应。但是不可能举起15磅，除非强迫它们。相应地，如果你每天用35分钟游完1英里，你的身体会很好地适应这个速度的能量需求。任何方式的提升，必须要提升训练强度，可以提升练习量（游超过1英里的距离）、以更快的速度训练（一般把1英里长度分解为更短更快速游的片段）或者减少重复练习之间的休息时间。

聪明的游泳选手知道如何以及在什么时机去推进训练。在重量训练中，推进就等于进步，但是在水中并非一直如此。能够持续游得更远或更快，这种激情很可能被一种认知浇灭，即在大部分情况下，你很可能会通过牺牲姿势来证明自己的进步。如果是这样，你就没法进步。不管体能如何，如果以牺牲划水效率为代价，最终会一无所获。我必须再次强调：如果想超越自己认知的速度，就必须按照我们在训练班和本书中教授的方法来进行训练。可以在高效划水习惯的基础上，增加训练量或强度，但是速度必须在可掌控的范围内，且必须以不会损失效率的方式进行。

这实际上需要更多耐心与坚持，而不仅仅是一种或几种练习的混合；每次都比上一次练习更多趟，这是必然的。为了提升1英里赛中的表现，你的目标是保持最好的划水效率（划水次数）——通常是一开始几趟的表现——游更多趟或反复进行更多次。一种方式是把100米练习的重复次数从10次增加到15次，或者维持10次重复次数不变，增加每次练习长度到150码，同时保持同样的平均划水次数。另一个方式是保持总的练习码数不变，但是减少每次重复之间的休息时间，可以从30秒降低到15秒，期间不牺牲任何效率。

对短距离选手来说，数字更重要。如果你在40秒的时间内可以用30个划水完成50码自由泳，你能否把时间缩短为38秒同时划水次数保持不变？再假设你的划水增加4次，用时缩短到35秒，你能不能找到一种方式保持那个速度同时只增加2次划水？这是在和水讨价还价，你要保证自己一直能赢。有效地把划水数字转化为速度，正是让波波夫成为一个划时代的泳池统治者的关键，在他之前的马特·比昂迪也是如此。

所以这样的结果值得我们去努力。

## 轻松训练

**适应游泳或其他任何耐力运动的基本常识：**

1. **压力**：不是那种因为发现老板开空头支票或者和他发生口角而产生的压力。训练中，压力是指给身体施加的负荷。有选择的谨慎运动就能激发出身体积极的回应：身体会变得更强。但是如果工作量太大，身体没法适应，结果就是伤痛、疲劳和挫败感。

2.　**逐步的超负荷训练**：身体因训练而变得更强，收获也随之增多，只要保持谨慎且系统的训练，就可以逐渐地增加负荷。更大频率或更大强度——或者两者皆增加——都会激发体能的提升。第一个月（甚至第一年）适当的训练负荷在第三个月（或第三年）时，已经不足以让你的身体变得更强壮。

3.　**专一性**：身体可以适应施加的具体压力，所以你的训练应该尽量接近准备活动，类型、距离和强度各个方面都是如此。

4.　**连贯性**：即便你一天只能抽出30分钟运动，你也能通过规律运动达到一定的身体素质。生理学家说，我们一周要运动3～4天，坚持一年才能保持基本的体能（更好的体能显然需要更多的训练）。松懈几周，体能很容易就会下降，再次恢复体能则需要更长时间的训练。所以，在训练时间越来越少时，记住即便运动一小会儿都比不运动强。

5.　**循序渐进**：越接近攀登的山顶，山势就越陡峭。你进步得越多，就越难保持同一进步速率。你用中等强度的努力就实现了90%的潜能，接下来即便是很小的收获都需要巨大的付出。到了这种程度，精进技能才是明智的选择，而不是更加努力。好消息是：你已经建立的基础体能一般是不会退步的。

6.　**恢复**：训练和休息是一体两面的，就像阴阳两极。你要从艰难的训练中恢复元气，让身体适应，继而成功地掌控更大的训练负荷；不管是一组练习、一项训练还是整个训练计划，都应如此。不能让心跳在单位时间内逼近极限，除非它在训练之间能恢复到正常水平。相应地，剧烈的锻炼必须由恢复性训练来平衡。

7.　**循环**：稳定、"次强度"的训练就像把钱存入银行，为全程游打下根基和保障。我们以此为基础，根据训练强度签出支票。支票开得太多，你很快就会破产，你的身体会发出抗议，拒绝适应。你训练得更快更强，你的身体就更快收到"资金不足"的警告。这不仅适用于单独的体能训练，成年累月的系统性训练也是如此。成年泳者特别要记得：你的"职业生涯"可以持续25年乃至半个世纪，这足够令人羡慕了。如果你只想要健康和幸福，稳定的低强度训练就能保证你不受伤、身体足够活跃、足以适应长距离锻炼，一周又一周，一年又一年。

## 现在说说截然不同的内容

（划水、其他3种泳姿及其带来的益处）

游泳选手也会痴迷于距离，这可能让自行车手或跑步选手等追求距离的运动员感到意外。这种痴迷对他们来说同样有害。

"但是我只有45分钟的锻炼时间。仅此而已。"在我告诫他们，脱离锻炼的舒适区尝试更多不同的训练内容会使运动表现更好的时候，看重时间的运动员往往会这样表达不满，"如果尝试所有其他内容，就没法完成保持体形必需的码数了。"

实际上他们可以，而且他们的身体明白这一点，只是他们的大脑仍在寻求一些解释。训练时，在锻炼的条件不变的情况下，大部分人的肌肉在水池中都能练上2～3次。

在45分钟的时间内，一位意志坚定的泳者可以游完2000～2500码自由泳。自由泳的划水更快、更轻松，所以这个距离让人满意。加入其他泳姿，就会减少好几百码的距离，而泳者信奉距离的魔力，认为它才是衡量锻炼的标准；更远意味着更好。

但是控制运动的肌肉并不这么想：心脏并不在意你的泳姿或你游了多少码。它只在意两件事：它的工作强度和时间。所以，我们来比较一下两组不同的20分钟锻炼计划的效果。

第一组：1000码自由泳（10组100码反复游），每次2分钟。约翰是一位56岁的成人游泳赛选手，每次以1分35秒的平均速度游完一趟，心率保持在120次。

第二组：接着约翰决定游20分钟混合泳（所有4种泳姿），但是在相同的时间内他只能进行8组100码反复游，因为每次100码的时间增加到了2分30秒（2分钟游泳，30秒钟休息）。心率依然维持在120次每分钟。

第二组训练码数降低了20%，他的损失是什么？显然，不是体能。心脏同样跳动了2400下，它不在意你的身体游了多远。游泳选手和交叉训练者维持更低强度的锻炼［最大心率（MHR）的60%～75%］，也是如此。

更棒的是，即便码数降低，你的身材依然可以变得更好。秘诀很简单：多样性。你的心脏不在乎你是否变换泳姿，但是你的肌肉在意。4种不同的泳姿——自由泳、蝶泳、蛙泳和仰泳——会调用不同的肌肉群。一组自由泳练习可以锻炼自由泳肌肉，不管其他肌肉群。想要锻炼更多的肌肉组织？那就用4种泳姿游泳。交叉训练会让你事半功倍：更好的体形、更低的受伤概率。

# 第十章

# 不出汗的游泳
## ——慢慢来能让你更快到达目的地

让我们慢下来，哪怕一分钟。尽管我们在上一章一直在论述快速训练，但是游得好不只在于速度快。实际上，有时速度快并不是正确的做法，甚至还可能是有害的。我教授游泳的方式，必然要慢下来，才能真正掌握——我称之为**高效的**游泳。

这引起你的注意了吗？你要关注这些。它不仅是个好消息，还碰巧是正确的，尽管如我在上一章所说，你有时需要让自己喘不过气来才能装满无氧油箱，但那样做的目的是在比赛中达到极限。我们还会在下一章看到，你必须愿意在游泳中既关注时间又关注泳道线。但是在全浸式游泳的系统中，没有什么能像认真周全的有节奏的练习那样让你的划水变得高效，让你的运动更有效。学会这种方法，速度的提升将会是轻而易举的。

这一理念即使在运动圈中也不为人所知，很多教练可能就不同意这一观点。有相当多的人让你相信必须一直刻苦训练才能提升游泳表现，他们就是通过这种方式确立了广为流传的训练真理。顶尖泳者被记录在册，他们的高超技艺不可避免地被归功于奉献精神和高强度训练，像祈祷文一样被传诵。

　　教练并非无所不知，实际上他们能从游泳协会的专家身上学到很多。尽管嘴上全力否认，但他们还是逐渐接受了这一点：轻松的游泳是绝对有效的训练工具，即便对顶尖选手来说也是如此。

　　再以波波夫为例。你不需要成为毫无争议的世界冠军才能对技术有所了解并知晓掌握技术的方法。即便波波夫最擅长的比赛是最短、最快且最依赖无氧呼吸的游泳赛事，他70%的训练长度也低于所谓的无氧阈；这一事实给我们带来了什么启示？如果你说那一定是因为波波夫知道什么对自己有好处，那就对了。他呼吸顺畅，耐心地在自己的神经系统中刻下了印记，只有这样，特别高效的划水才能成为习惯，进而在争分夺秒的艰苦的、快速的运动中有效推动他向前。

　　教练们也不能再为"没有付出就没有收获"辩护了。尽管他们一直遵循着"更多更难的训练就更好"的理论，生理学家也已经迫使他们承认，"让训练轻松一点会带来更好的结果"。直到最近，特别是在游泳界，人们才发现恢复阶段在训练中还有着不为人知的秘密。你将从最后一章得知，恢复会在你需要适应的时候——此时你的肌肉变得更强壮——发生。糟糕的是，这么多年来，大部分教练坚信不间断的训练才是对的，不愿意让他们的选手在固定的训练间歇进行放松。训练原则就是众所周知的底线：不能忍受高强度训练？那就从泳池中出来吧。哲学家尼采和教练们都同意这一点且知道如此训练游泳选手："杀不死你的让你变得更强。"

　　除非它让你筋疲力尽且软弱无力，否则过多的艰苦训练会导致被科学家称为适应失败的症状出现。身体，在看不到尽头的难—更难—最难的隧道中，放弃了适应的机会，慢慢走向崩溃。运动员变得疲劳、缓慢和虚弱——如果他们一开始并没有生病或受伤的话。一些游泳教练眼睁睁地看着这种状态下滑的情况出现，指望着赛前的减量训练能把运动员从水深火热中拉出来。把他们练到极致，接着用休息驱赶他们心中的绝望，你的选手能度过这关键时期的，是吗，头儿？

或许是的。他们的身体对最终的喘息（真正意义上的及比喻义）的机会是如此感激以至于他们可以"超适应"，就像科学家说的那样，产生了质的飞跃。不幸的是，教练只会把这些归功于艰苦的训练，即便后者实际上只是不断地把选手推向危险的崩溃边缘。至于传统教练，他们从未承认，是休息最终让运动员得以接近身体极限的。

但是科学家熬过了不受重视的阶段，最近获得了一些话语权。"哎，教练，通过一系列小练习增强选手的体能不是更合理吗？训练一会儿，休息一会儿，接着更努力地训练？逐渐增加训练负荷让他们从一个层级提升到下一个？"这比让所有人沉溺于训练要更合理，更能刺激运动员走出停滞期，接着通过最后阶段的奇迹般的恢复让他们放松下来。

"哦！对了，这样一来你的选手可能会更享受训练。"

于是，教练们不情愿地接受了这一真理，以更科学的方式训练他们的运动员，允许更多轻松的训练，甚至——**这可是颠覆性的想法！**——不时地进行为期一周的放松、低强度的训练。这里要提醒你，他们会忍不住唠叨，这违背了他们最爱的训练纲领。一些人甚至轻蔑地称之为垃圾码数。大部分选手则很喜欢（另一些忠于传统的选手仍旧赞同把尼采的哲学用于训练），但是很多人并没有收获很多，因为他们的教练仍旧把进行轻松游泳的一天看作遗憾和必然的"后退"。他们并不觉得这个是好机会。

但是亚历山大·波波夫的教练早就明白了这一点。他知道这不仅是恢复，而且是一种让你已经获得的有氧适应——你自身的体能——真正发生的方式。这也是唯一正确的方式，训练你的神经系统用可能最有效的方式去利用这个条件。当心跳在130～140次徘徊的时候，你可以雕琢技巧和技能，这是心率180时无法完成的。此时你还可以做划水练习、感知游泳、特定划水的游泳和"不牺牲划水"的提速。让你的身体以最大效能游泳的能力，比以最大努力游泳的能力更重要，所以有一点毋庸置疑：在每一趟轻松游上花费的时间不是一般的重要，而是更加重要。

轻松训练的理念最终流行起来的时候，波波夫的例子不过是冰山一角。20世纪90年代中期，俄罗斯游泳选手囊括了50米到400米每个自由泳赛事的世界纪录。不可避免的，美国顶尖运动员的教练也接受了这一理念。

但是前沿训练理论通常要花费更长的时间才能渗透到自学游泳的个人身上。这一群体中最需要得到此类建议的人，就是铁人三项运动员。想想看：3种运动把你逼得筋疲力尽！此外，还有一种奇特的交叉训练理念，即在一项运动中努力发挥，在某种程度上就等同于要在另一项运动中进行状态恢复。所以，他们努力跑步、努力骑车、努力游泳，接着花时间琢磨到底为什么他们要花费几乎一半的时间来养伤。

不知疲倦地跑步或骑车或许有好处，因为这些运动技巧性较低，充沛的基本体能确实会产生巨大的推动力。但是艰苦的游泳训练对铁人三项运动员完全没用，他们最好永远不要游得太辛苦。想想吧，就比赛本身而言，胜利常常属于那个最快的骑手或跑者，绝对不会是最快的泳者。甚至有一个词专门形容努力提升游泳赛段成绩的运动员，那就是"失败者"。他们中最迫切的一些人会努力在水中获得微弱的领先，而其他人都放松、舒服地待在水中，安于落后。那些努力的人很快会在骑车项目上被超越，最终在跑步赛道崩溃。那些不费力地完成游泳赛段的人得以继续骑车和跑步，最终取得胜利。

所以对跨项目的选手来说，要固守这个底线：铁人三项中最明智的举动是在游泳时让你的心率保持在130～140次，任何让心率高于这一范围的训练都是在浪费时间和精力。放松训练会收获颇多，只要你能遵循以下两点：

1．牢记我们熟悉的70定律（运动表现的70%取决于划水效率，只有30%来自体能），充分利用它为比赛作准备。铁人三项运动员只有很小一部分有出色的游泳背景。大部分铁人三项运动员之前都是赛跑运动员，他们体能很棒，但是游泳只是入门水平。这是你的机会，一个巨大的机会。抛弃体能训练，就用本书的全浸式训练法来作备赛**练习**吧。

2．同时，还要记得游泳是最好的加快从骑车和跑步等其他运动的艰苦训练中恢复过来的方式。减少游泳的付出，集中精力调整你的神经系统，而不是浪费精力妄图提升已经很棒的有氧机能，你就能更好更快地恢复状态。接着你就会成为更棒的跑者和骑手，因为其他运动不会再占用游泳宝贵的有氧适应资源。这并非臆想或者夸大其词。不断有铁人三项运动员告诉我，他们一旦采用了全浸式游泳法调整训练，就能取得好成绩。我给了他们跑步或骑车的秘诀吗？当然没有。我是一名游泳教练，我能把他们变成更聪明的泳者，从而提升其他运动表现。

那其他运动员，比如成人泳者（技术上来说是任何一位19岁以上的泳者，但是实际上包含从30岁到90多岁的大部分泳者）呢？他们也知道，更好的游泳来自有氧能力的提升。这里只有一个问题要注意。这一群体大部分人都超过了40岁，他们已经花费了大量时间去加强心肺功能。这个年纪，自然规律已经开始降低体能上限，让心肺功能提升哪怕一点点都不太可能，除非是长时间久坐的人。所以他们之后的最佳表现一定来自更好的划水技巧，而不是提升训练强度。

假如根本不在意比赛，情况又是怎样？努力从泳池一头冲到另一头与仔细规划的训练计划相比，有差别吗？确实有。实际上，真的有成百上千的人需要明白这一点。想想假如有50000名游泳参赛选手，就会有400万到500万的业余泳者，也就是99.9%的泳者对游得快慢没那么大的兴趣；他们想要维持健康和强壮，一直快乐地游。他们有必要知道，自己可以获得期待中100%的收获和享受，而不会流一滴汗。

为什么？即便是比赛选手通常也明白，大部分向运动员转变时的身体突破都发生在心率远低于快喘不过气的无氧阈。此时，你的心输出量效率得到极大提升，燃烧更多脂肪，在较低心率的时候形成更大的耐受力。如果这听起来像是对抗衰老的一系列武器，那么它就是。你的肌肉在拉扯中变得更强。

所以能有什么损失呢？正是比赛所需要的无氧训练。但是，如果根本不打算参加比赛，谁还需要无氧训练呢？你依然能稳定地进步，因为轻松的有氧训练会让你不断提升效率。你不会轻易受伤或停止运动，身体更适应持续的训练，因为不需要艰苦训练后的休息和恢复时间，而且你会发现很容易就能从每日的生活日程中抽出时间来参加有氧比赛。

对于大多数非精英选手来说，越心急越浪费时间。通过放慢训练来加快游泳进步吧！

# 第十一章

# 是时候开始规划了
## ——按照时间游泳

你是泳池中的机器人吗？泳池机器人是这样一种泳者，他们只要跳进泳池就开始游泳，像一个永不断电的玩具，机械地在池中上下翻滚。这是他们带着消毒水味道的工作准则。虽说这样的训练是最低效的，我们大部分人却心甘情愿地用这种方式来消磨时间。这就是为什么我们接下来要讨论训练间歇——提升训练的另一方面。

当然，如果上述内容听起来很熟悉，不要感到惭愧。你不是一个人。读到上一章关于放慢游泳最终会帮助你纠正令人麻木的节拍器一样的机械训练，你可能还会开怀大笑。实际上，情况并非如此。是的，你需要通过一定量的目标明确且考虑周全的游泳去掌握技巧，无休止的漫无目的的锻炼是个死胡同。

在全浸式学习中，我们希望你不要把速度放在技巧之前，所以我们不会过早地关注计时游泳。但是速度一直保持在低档，也并非我们的目标。为了取得突破，你需要组织规划，还要进行一些体能训练让动作更有力。

你需要休息，这一章会教授这部分内容。但不是你想的那种在恐怖的训练中游到筋疲力尽之后的休息。全浸式游泳法中的休息是科学的游泳方式的一部分，充分利用游泳的时间，不会让你筋疲力尽。

尽管很多人可能明白，只在中速徘徊耗尽时间与精力，并不能让我们进步——大部分追求健康的泳者都是这样在泳池中度过的。游完一趟之后，把他们抓上岸——如果可以的话——你会听到他们的理由："我要游完1英里。"就像10000米跑步一样，1英里好像已经成为衡量自身能力的金科玉律。

没有人比救生员更明白这一点，因为他们有过亲身经历。几乎每个刚来泳池的人，都会问："这里游多少趟是1英里？"大部分泳池会把数字标示出来。了解到这一点之后（顺便提一下，25码的泳池中，70.4趟等于1英里），他们就开始攀登1英里这座大山。如果不能一口气完成，就会一点点进行。先游完3组20趟，接着是轻松的10~12趟。目标一定是游得更长，休息得更短，直到最终能够一口气完成1英里。他们会为自己欢呼，但是这份荣誉不会持久。因为第二天，他们一定会游得**更快**。在接下来的一段时间里，1英里的挑战依然如故，直到次数降低，但不会再有任何进展。那时，显而易见，最终只是硬着头皮继续，因为"这对你有好处"。

你不是这样？你可能是没有时间游完1英里，你或许是挤出来时间游泳的那部分人，趁着午休40分钟冲进健身房。第一天，你可能游10~12趟（对教练和参赛选手来说，一段和一趟是一样的）就没劲儿了，即便中间休息1~2分钟。但是你会像以1英里为目标的人一样持续削减休息时间，增加游泳的趟数，希望能不断提升40分钟这个数字。是的，一段时间后你可能可以一鼓作气游完40分钟，甚至距离上已经达到1英里（70趟）。幸运的话，甚至能超越这个数字，但是最终你还是会遇上游泳的瓶颈（我的一位学员称之为"终极平庸"），此时体能锻炼已经走到终点。

游泳趟数往往被看作游泳的成就。你花时间担心游得够不够多或够不够快，却从未担心游得**对不对**。其实，你应该担心的是进步的停滞。身体已经习惯了目前的练习强度，没有任何提升的动力。如果你从未游过1英里，适应和超载的原则会在初始阶段伴随着你，因为为1英里作准备本身就是对身体的超载训练。但是，一旦已经完成了1英里，反复游的目的是什么呢？世界上最棒的泳者，有教练指导的"人鱼"，常常对以趟数为目标的泳者的固定模式感到不解。"这不无聊吗？"他们问道，因为他们知道有更好的方式。"这是无聊的，"趟数泳者回答说，"但是对我有好处。"

其实，如果你能及时休息，或者通俗地说，在计划内有意识地暂停，那样你会游得更好、更开心。你要知道如何让时间为自己服务。所以，让我们用全浸式的方式来进行间歇训练吧！

## 为什么这个时钟少了一根指针？

计时时钟，这个有着白色底盘的巨大八角形机器，像月亮一样悬挂在美国每个泳池终点的墙壁上。它是你从无意识游泳法转变为明智的间歇训练法的关键。由于游泳表现以分秒衡量，计时钟有分针和秒针，但没有时针。1分钟——即秒针绕时钟一圈——被分成12个分别为5秒的时间段。5秒的间隔（比如00：05—00：10、00：10—00：15）以红色记号和巨大的黑色数字标示。每5秒内的4个标记是黑色。而泳者通常以红色记号（即5秒间隔）为重复单位。

计时时钟会告诉你关于有效间歇训练的一切，不管是否有教练指导。计时时钟可以告诉你：（1）每次可以游多快；（2）下一趟之前还能休息多久。

把它当作一个工具，而不是圣旨。眼里只有计时时钟，你就会任由它主宰训练。过分计较速度而不在意效率（划水次数、心率多少）的选手，实际上是在重复低效的游泳。但是把计时时钟当作一个工具，确实能提升技术，会让你的练习更有价值，当然也更有趣。

全浸式间歇训练法与你过去的习惯可能会有所不同。大部分运动员用"i"这个字眼去宽泛地概况任何艰苦的重复性训练，以及让你喘不过气地为准备比赛而做的练习。锻炼，呕吐，然后回家。

我有其他的方式。是的，有能够让你准备好全力以赴参加比赛的间歇训练法，但是也有很多其他方式。我最常遇见的问题和你最需要了解的全浸式训练法，包含如下几个方面。

1. **我期待获得什么效果？** 在全浸式游泳中，我们做任何事 —— 包括休息 —— 的目的都是提升技术，不管是学习技术、通过练习巩固技术，还是在游得更快更远的测试过程中运用技术。

培养耐力、提升速度、提升对无氧训练的耐受性、练习比赛或计时策略应该是你可以从间歇训练法中实现的有价值的次要目标。但只是**次要**的。

2. **我要做多少？** 可以这样确定：做适当的有氧训练（游泳和休息的时间包含在内，一组练习要持续至少10～15分钟，整个训练由4～5组练习组成），但是不要因为做得太多而影响技术或专注力。

3. **我要游多远？** 反复游练习25～800码甚至更长的任何一段距离，但是对于"划水的提升"这个训练的根本目的来说，较短的单位距离实际上效果更好。虽然更长的距离有助于提升耐力和节奏感，但是会破坏速度与技术。短距离重复练习（一般在200码以内）则没有这一问题，它能让你实现所有的目标。为了获得更好的耐力，可以提升重复的次数或者减少休息。为了进一步提高速度，可以减少重复次数、加快每次游的速度、延长休息时间。

4．**我必须拼尽全力吗？** 不是必须的。首先，你可以用各种方式衡量强度：最大心率百分比、最大速度百分比，或者效果感知（**感觉有多吃力**）。更低的强度对技术提升、有氧适应和速度练习更有利；学习用同样的速度游更长的时间，即便这样会使你变得更累。

5．**休息多久才够？** 当游泳的休息时间是游泳时长的一半以内的时候，你的适应性（有氧耐受度）会快速上升，通常情况下训练和休息时间比是2:1。在耐力训练中3：1到10：1的比率都很常见，游泳相关书籍中比比皆是。但你这么做的时候，需要多加注意。在全浸式游泳中，技术和效率是最重要的，所以要保证休息时间足以促进适应性，但是不要过于紧张，使你疲于应付而牺牲效率。

游泳和休息的时间比为1:1或1:2时（即休息时间等于或大于游泳时间），可以提升速度和无氧适应性，因为更长时间的休息能让你游得更快。简短的休息没法让你从全力以赴的冲刺中完全恢复。

6．**一直反复游吗？** 并非如此，训练方法有各种变化。你可以进行技巧练习、练习技巧＋游泳，或只是游泳。可以用4种泳姿中的任意一种。在练习划水和打腿时，浮板和夹腿板可用也可不用（更多的游泳用具见十三章）。甚至可以让每次休息与上一次不同，尝试间歇递减、金字塔、梯子形等练习组合（详情如下）。

## 基本间歇训练法：4 种监测时间的方式

1．**固定休息组**

**示例：4×200码，休息60秒**

**重复：4次**

**每次重复距离：200码**

**每次重复起始点：上次练习完成60秒后**

这是最基本的间歇训练方法，所以如果你是新手最好从这个模式开始。每次都要保证同样的休息时间，不管游得快慢。举个例子，第一组200码在3：00结束，那就从4：00的时候开始第二组。如果第二组200码在3：20结束，那就从4：20开始第三组，不管怎样都要保持你的休息时间不变。

但是，为了更容易把握时间，大部分泳者都会把起始点设在表盘上有红色标记的位置。3：17完成一组200码，他们往往从4：15或4：20而非4：17开始下一组。

**2. 固定间隔组**

**示例：8×100码，从2：00开始**

**重复：8次**

**每次重复距离：100码**

**每次重复起始点：2：00（游泳和休息时间都包含在内）**

这也是基础模式，但是比前一组更难也更具策略性。无论你休息时间长短，每次100码的起点都是上一次起点的2分钟后。1：30完成第一组100码，就获得30秒的休息时间。第二组落后到1：35，那第三组开始前的休息时间就减少为25秒。维持休息时间且不让重复变得越来越难的唯一方式就是保持节奏，即8次都尽量以相同的速度完成。因为动力会随着每次练习而减少，你就不得不想办法更好地分配每次使用的体力（下一章讲游泳比赛的时候我们会详细论述），这样你才能在第一组练习和第八组练习中都能维持相同的速度。

3. 间隔递减组

示例：5×50码；间隔分别为1分钟、55秒、50秒和45秒

重复：5次

每次重复距离：50码

每次重复起始点：减少休息

间隔递减比前一种更难，因为在每一次连续的重复中，当你越来越累的时候，你的休息时间会相应地自动减少。

就上述示例而言，第一组间隔（即第二次开始之前的那段时间）是1分钟，下一次是55秒，直至最后减少为45秒。所以如果你每次游完的时间停在40秒，你就能在下一次重复之前休息20秒，第三次重复前休息15秒，第四次休息10秒，最后一次重复前只能休息5秒。

胆小鬼就不要尝试了。但是信不信由你，成功完成这组练习的泳者在下一次重复练习时都能游得更快，所以牺牲休息时间还是有好处的。

间隔递减法常用于选手适应比赛中要保持的速度的过程，尤其在身体各部分都开始说："嗨，放轻松行不行？"的时候。

4. 间隔递增组

示例：8×50码（前四组从1:00开始，后四组从1:30开始）

重复：8次

每次重复距离：50码

每次重复起始点：前半程从1:00开始，后半程从1:30开始

这看起来像是给了你喘息的机会，因为后半程可以多休息30秒。但关键是：更多的休息时间意味着你下一趟要游得更快（如我们所知，如果游泳的时间间隔固定，游得更快就能获得更长的休息时间）。

　　增加间隔法通常被用于提升速度的练习，因为增加的休息时间会让你接下来游得更有力、更快。这可能是有力地完成一组练习（有时甚至是一场比赛）的最佳演练方式。

　　间歇训练法设计的唯一限制，是教练的想象力，经过这么多年的发展，我们已经变得相当具有创造性。实际上，如果展开论述如何设计计时游泳训练法的内容，可以写一本书。"间隔递减"是一次次更快，"梯子"和"金字塔"是要么提升每次重复的长度，要么提升前半程的距离，相应地缩短后半程。如果这还不够，也可以变更休息时间，因为它通常从你刚完成一次训练开始计时。在混合距离的训练组中，每个要素都在变，距离和休息间隔都在发生不同的变化。

　　上述4种基本的间歇训练模式是通向提升的最直接的路径，不需要防水计时器来把握时间。此外，真正起作用的是你每次练习时的投入，而非整个设计有多么精巧。

　　"新手包"不应该包含比固定休息组更复杂的练习。但是它会慢慢让你从容实现任何目标，从达到基本体能到完成引以为豪的比赛，只要确保你遵循每周的码数准则。以准备参赛和提升速度为目标的更难的训练，就像一剂猛药。为了更好的效果，你要按时按量服用；更多并不意味着更好，甚至可能是有害的。

# 预备，开始，重复！

## 1. 体能间歇训练法

（整个训练码数的60%～100%）

　　这是相对较慢且容易的游泳训练方式，能够培养泳者的有氧耐力，目标是提升训练的广度，而非强度。每段反复游的速度（或心率）只有你的最大值的65%～75%（如果你的最好成绩是1分20秒游完100码，那么可以以1分45秒到2分钟的速度完成一组体能间歇练习）。此外，速度会被短暂的休息时间拖累。要达到效果，一组应该持续至少20分钟。如果你准备参加超长距离的比赛（比如铁人游泳赛），可以通过增加重复次数将训练时间延长至1小时。

**示例：**

16～30×50码（休息10～20秒）

10～20×75码（休息10～20秒）

8～15×100码（休息10～30秒）

5～10×150码（休息15～30秒）

4～8×200码（休息15～40秒）

还记得全浸式游泳的基本原则吗？"体能是练习正确技巧的副产品"。体能间歇训练法就是一个最好的例子。只要把间歇训练法融入技巧练习、技巧和游泳混合练习、感知技能练习或其他技能的培养过程即可。可以尝试如下经典组合：

（1）训练：16×50码滑行和前行（或自行选择），休息20秒。

（2）训练-游泳：12×75码，休息20秒（50码技巧、25码游泳）。

（3）感知技能练习：8×100码，休息20秒（50码下坡游、50码手臂无承重游）。

（4）减少划水次数：8×100码，休息20秒（每趟的划水次数维持在17～18次，假定标准划水次数为19～20次）。

（5）游泳高尔夫：8×50码，休息20秒。划水次数与时间相加就是每次重复的得分，尝试让第8次分数低于第1次。

## 2. 备战比赛的间歇训练法

（整个训练码数的0～30%）

为比赛作准备的最佳方式就是按照比赛要求演练，所以在这些间歇练习中，你要模拟发令枪响后的速度和身体压力。通常，我们的目标是让你的心肺系统和骨骼肌能更好地负荷氧债（即肌肉所需超过心肺系统运输量）。全浸式的目标更进一步：针对在比赛的速度下保持效率进行练习。你可以通过减少体能间歇训练和速度间歇训练的划水长度差来实现。总量相比速度间歇训练的增幅不应超过10%，所以如果体能间歇训练的划水是18次，那速度间歇训练次数不要超过20次。

1:1的训练休息时间比应该能为身体提供足够的恢复时间，让你在每次重复练习中能达到最大速度（和心率）的80%以上，这就是为比赛作准备的间歇训练法。

示例：

（整个反复游的距离应为比赛距离的60%～100%。比如，准备1500米的比赛，应该做20～30×50码，或10～15×100码）

8～30×50码（休息30～60秒）

6～20×75码（休息45～90秒）

4～15×100码（休息60秒～2分钟）

（要记录划水次数或全程进行游泳高尔夫）

## 3. 提升速度的间歇训练法

（整个训练码数的0～10%）

这是比赛间歇训练法的"结业部分"，因为它会专注比赛中所有的关键要素：无氧系统、针对游泳的力量和在比赛速度下保持高效的能力。方法就是准备性练习中游泳的距离比实际比赛的距离要短，速度与比赛时持平或更快。全浸式练习法的目标是在最低划水数的状况下产生最快的速度。训练和休息时间比为1∶2或1∶3，练习与重复都很短，且一般一周进行1次，最多2次。

示例：

50～100码的比赛练习：8×25码（休息40～60秒）

100～200码的比赛练习：4～10×50码（休息90秒～3分钟）

100～200码的比赛练习：4～8×75码（休息2～3分钟）

500～1650码的比赛练习：3～8×100码（休息3～5分钟）

（要记录划水次数或全程进行游泳高尔夫）

跟着计时时钟游，并不意味着要游到筋疲力尽，而是要聪明地游。任何人都能跳入泳池，在泳池中上下扑腾直到耗尽体力。很多人都是这样，认为速度会让他们成为更好的运动员，而不必注意练习方式。但是他们付出了浪费时间和损失效率的巨大代价。间歇训练法会给你一个目标，以一种有目的性的结构化方式衡量你一路上的进步。

全浸式间歇训练法是通向游泳技能提升的最直接的路径。

# 第十二章

# 比赛，不过是变相的训练

备受爱戴的跑步哲学家、心脏专家乔治·希恩（George Sheehan）博士曾经用一句精炼到可以作为医学标准的话来解释慢跑者和赛跑者的不同："一张比赛报名表。"

确实有点精英的感觉，但是在一项运动中，明智且必要的特征是有自己独有的体系和比赛词汇。我们却没有。泳池中，每个人都是泳者，没别的了。

但这并不是说，参加比赛的泳者和我们这种每周去泳池锻炼的人就没有区别。总有一些因素会让你专注于把训练并入正轨、与同龄人比肩、时刻盯着计时钟等。我建议你这么做。很多国家每年都有成人游泳赛吸引来自四面八方的泳者，不是专业的游泳运动员也有机会证明自己，并为自己的成就感到骄傲。

如果你参加过几次，就能明白我在说什么了。如果没有，或者你想在全浸式游泳的帮助下让自己下一次游得更好，那么请继续读下去。

顺便提一下，对于终身泳者，很可能比其他任何有氧运动的专业选手都更具竞争力。很多人成年之后的游泳表现比高中或大学时更好。这是年纪阅历的功劳吗？完全不是。游泳也不能违抗衰老的法则。这里我们想要强调的是，你大部分的成功来自好的技术，而不仅仅是体能本身，而全浸式游泳能让你持续多年不断提升技术和速度。所以，不管是为了积累比赛经验，还是打算突破年轻时的最好成绩，你都有机会不断进步。

不要为了奖牌而比赛。至少在一开始时如此。去参加比赛吧，为了提前进入好的竞技状态，让你有动力全身心地投入训练；去参加比赛吧，因为一项你游得好的比赛、一项你发挥最好的比赛，比任何练习都能让你感到满足；去参加比赛吧，这是对练习**成果**的终极测试。

就像我们在第九章里说的那样，没有所谓的赛事训练"类型"。要以比赛为目标，有针对性地训练自己。过多的耐力训练只会让你成为最糟糕的短距离选手，反之亦然。就像公路赛跑一样，你会发现符合自己个性的赛事：从短距离的速度赛到长距离的耐力和体力赛，每一项比赛的综合训练方法都不相同。所以选好你的比赛距离（短、中、长），阅读需要做的准备，然后开始训练吧。

# 短、中、长三类比赛

## 短距离赛：50 ～ 100 米 / 码

世界纪录保持者、奥运会冠军马特·比昂迪被问及赢得比赛的诀窍时，他这么回答："4件事，技术、技术、技术和速度。"如果有一个高效的划水，那么尽全力快速游20～90秒并不会消耗耐力。在尽力快速游、心率快爆炸的时候，在乳酸充满疼痛的肌肉的时候，仍要维持划水长度不变。

效率在短距离比赛中至关重要，因为你游100米的速度很可能比游

1500米要快20%～25%。所以要克服的阻力和运用的力量，有天壤之别。效率稍有降低可能就会导致比赛结果的巨大差距。

但是你不能忽视对肌肉的氧气和能量供应，肌肉大量消耗才能让身体有力量。想要持续这种状态，你的身体还要尽快代谢掉肌肉产生的乳酸，不然能量供应就会受阻。

当然，这都意味着需要进行无氧训练，而且你不能在推进练习速度的过程中放松最佳划水动作的保持。

最后，你需要从神经肌肉系统的训练中获得力量，让所有可用的肌肉运动单位克服划水效率没有消除的阻力。也就是说你要练习"动力组"，每次拼尽全力游，然后进行短暂休息（详见附录）。

## 中等距离赛：200 ～ 400 米／码

有时被称作速度／耐力赛，因为需要参赛者两者兼备，所以是训练最难的一类比赛。因为你没法休息。速度接近短距离赛，但是维持这种状态的时间是短距离赛的10倍。最终破坏你的划水和效率的可能不是短距离赛的高频划水，而是中距离赛事中大量的无氧消耗，即便消耗更慢、时间更长。很难在整个四分之一英里的比赛进程中，在没有足够氧气的情况下挑剔你的划水动作。

当然，就在你的动作开始变形的同时，维持速度的"能量支出"在急剧上升，即便你剩下的时间越来越少。所以中距离比赛选手需要进行两方面的训练：

1. 通过长时间的有氧训练进行耐力训练，即神经系统和有氧系统训练相结合的训练方法，同时关注划水效率，这样效果会更好。

2. 用比赛的速度游泳，培养快速有氧的耐力，让身体适应划水速率和使赛事难度增加的无氧条件。

所有的关键就是找到并且维持适当的速度——没有氧债，尽量长时间维持有氧呼吸（你的划水越有效，你就越能维持有氧的好状态）。这个技巧有难度，除非你匀速游完全程。前半程冲刺过快，后半程一定很痛苦。所以世界上最好的中距离游泳选手后半段都能维持乃至超越前半段的速度，掌握这一技术需要不断的练习（详见附录）。

## 长距离赛：800 米以上

每年都有数以万计的人从跑步转向游泳，希望找到对身体挑战更少的运动，他们认为 2 英里的赛跑与短距离游泳赛完全不同，结果泳池中激烈的短距离赛让他们大吃一惊。1500 米——通常顶尖游泳选手要游 15～20 分钟——几乎与 5 千米跑的时间相同，是大部分游泳选手参加的最长距离的比赛。3～5 小时的马拉松时长，对于跑步者来说司空见惯，但在游泳界却是闻所未闻。

那么，为什么要重视长距离的训练呢？因为游泳教练相信，我们不但要发展耐力，还要"感受水"——其实就是自然效率的另一种说法。他们还认为，做到这一点要花费数年进行几百万码的反复练习。

但事实并非如此。如果你可以加快提升划水效率，也就是本书的内容，就可以极大地减少为耐力游泳作准备的练习距离。你的重点应该放在效率耐力上，即我强调过的，不管游多远都要保持划水动作不变形。反复游单位距离，使最终长度达到比赛长度的一半，利用这个训练方法来提升保持划水长度和效率的能力，一趟又一趟地反复游，就能做到这一点。

教练看重长距离训练的第二个原因是培养"时间感知力"，即以正确的速度进行游泳的直觉，这样他们才不会在开始的时候游得过快而最终毁掉比赛。长距离游泳选手会无止境地练习，学习如何在疲劳累积的情况下一趟又一趟地保持同一速度。上一章的间歇递减重复练习可以缩短学习曲线，使得练习过程中的每一趟长距离游速度都更快（详见附录示例）。

# 如何真正做好准备

好的训练并不能保证好的比赛结果。做好充分准备、确定好需要多少热身、做好比赛规划，以及定下每一趟的目标，才能取得领先优势。

如果你曾为1650码自由泳赛（相当于1500米比赛）做过训练，那么你几乎可以为任何游泳比赛做好准备。1650码又被称为游泳的标准英里，即在25码长的泳池里游66趟。这是我个人最爱的长度，但是我对它真是又爱又恨。爱是因为这是我最擅长的距离，我常常能在1650码比赛中取得个人最好的全国排名（几秒的领先）。恨是因为它游起来很痛苦。

我游更长距离的比赛也感觉轻松，也可以舒服地**跑**更长距离，尽管我并不是一位出色的跑步者。一趟45～50分钟的1万米跑看起来与在泳池中花18～19分钟游完1650码没有什么共同点。即便是要花费68分钟游完5千米的公开水域游泳，都比泳池中进行的1650码比赛要轻松。

或许是因为你需要全神贯注地保持划水效率，每一趟都比上一趟感觉更辛苦，或许那么多次的转身让随着趟数累积保持有氧呼吸变得非常困难。但是不管什么原因，这样的比赛能说明很多问题：专注力、保持效率的能力和身体条件。所以要参加比赛就要在上述3个方面都做好准备。根据我的个人经验，我建议通过以下方式准备1650码比赛。如果你参加更短距离的比赛，对该模式做相应的调整即可。

几天前，我开始思考，如果我想要突破极限，在身体开始哀求的时候毫不退缩，会是什么感觉。这是不可逾越的红线吗？显然是红线。

比赛到来的那天，我先进行一场轻松的长距离赛前热身让自己进入状态，一般至少持续40～45分钟，约为比赛时间的两倍。这有几点好处。首先，轻松流畅地游能放松紧张的神经；其次，你可以用热身来让划水进入教练要求的状态——在维持目标比赛速度的前提下，轻松加速、放松且熟悉的节奏及毫不费力的控制感。虽然需要几分钟的时间才能进入这个状态，但是我不想在1650码的前500码还在摸索，所以在比赛之前就开始模拟这种状态。

或许在进行6～8次100码——几乎是比赛长度的一半——重复练习之后就能找到那种感觉，可以尝试带着这种轻松加速的漂浮感提升到比赛速度。但要在同样的速度下完成16次100码，你每一趟都要更努力，因为一波又一波的疲劳会不断侵袭你的肌肉。前几组还会感觉轻松，最后几组就像在举起一架钢琴。如果我能以15～20秒的休息间隔进行6～8次练习，我就更有信心在发令枪响后连续进行16次往返游，中间没有休息且速度保持不变。

如果刚好在比赛之前就完成了热身，在长距离比赛的初始阶段你会感觉更好。接着从热身泳池进入出发点是很有意义的，你的肌肉已经做好了准备，节奏也调整好了。比赛前的正确热身，会增加"油箱"容量，因为你一直在练习着节省能量。

你同时还在培养"时间感知力"，也就是教练所说的精准的速度感。泳池内的比赛都是一人一道，所以不会被任何人抛在身后。即便你可以，你可能也不想尝试。1650码的距离太长了，你没法去和别人比较。只有保持训练的状态，才能表现得更好。这意味着你要在心中定一个目标时间，同时有一个速度方面的计划去实现这一目标。

最终，比赛开始。热身之后再出发，感觉上会更冷静。第一趟，你的划水感觉很好。这个时候要有耐心。第一个400～500码（16～20趟）中，不要超速，保持跟随即可。让你的划水动作尽量长，划水频率尽量低，与对手的距离保持在可赶超范围内。一切以效率为先，这是已经印刻在神经系统中的目标，随之而来的疲劳和比赛压力都不能动摇这一点。

无论做什么，都不要增加氧债。你很兴奋，甚至会持续提速。任何类型比赛的开始阶段都很容易游过头，游过无氧阈。一旦你这么做了，唯一能恢复的方式就是减速，一旦减速，就很难再次持续提升。最终，你就不得不开始通过无氧运动来维持速度，同时又想维持到比赛结束。比赛的前四分之三赛程中能保持有氧状态，你就拥有了在最后的几百码冲刺所需要的能量。

最终，你是在和疲劳进行猫捉老鼠的游戏。在意愿的指引下，你试图保持划水距离，但是随着疲劳的增加，你唯一的途径就是提升划水频率。注意啦！要通过摆动臀部提升频率，而不是依靠肌肉力量（你的肌肉怎么也没法完成这个目标）。尝试在每一趟100码的赛程中稍稍增加频率，以精准地抵消疲劳。这是精妙的游泳，但是如果你训练充分，就能赢得胜利。

现在来到了1200码，谁在数？答案是，朋友。在泳池的出发点，不断有卡片告知你趟数，每次转身的时候就展示在你的面前。但是比赛本身要求百分百的专注，你不可能去关注趟数，所以一位伙伴会跪在赛道尽头，尽职尽责地把计数卡丢进水中，在你转身的时候为你加油。

越来越接近终点了。到了最后的16~20趟，是时候冲刺了。开始数数。卡片显示数字51，你要冲进52趟，你在想，只有14趟了，我能赢。

是时候展示自己了。不管开始的时候多么轻松，不管中途你的速度维持得多么巧妙，整个身体在最后几百码时都会极度渴望氧气。每一次转身都像给了你一巴掌，因为每次触壁转身都会暂停氧气供应几秒钟。太好了。这正是你需要的。一个水上转身，让脸露出水面会很棒，但是会在每一边消耗珍贵的时间，你肯定不愿浪费一分钟，哪怕一秒钟。糟糕的是，你可能需要一整趟来恢复呼吸；刚调整好的呼吸，马上又要被打乱了。

还有8趟，还有6趟，现在只剩4趟了。每个50码，都变得更难，但是离终点也越来越近了。最终，在最后两趟，你倾尽全力，手径直推向触板，结束啦！

由于乳酸大量累积在肌肉中，有好几分钟即便只是在水中浮着都很痛苦。所以游出去，放松仰泳几趟，消除肌肉中的乳酸。你成功了，把全浸式训练融入了比赛，证明了即便身体其他部位罢工了，只要训练得当，你的肌肉依然可以自行运动。

至少对我来说，这样的比赛是一种对自我发现的锻炼。我的最终成绩，比之前根据训练效果预计的还要好，这真让人高兴。我对发挥出良好比赛技能的能力进行的检验更感兴趣，多过对奖牌的渴望。每游一场比赛，都会收获一些经验，我迫不及待地想在下一次练习中实践这些经验。

# 第十三章

# 训练辅助装备
## ——少即是多

别误会。成为出色泳者的必备条件，只有你自己的身体、一套泳衣和一些正确的指导。没有什么辅助装备是必不可少的。

不过市面上有很多训练用具可供你选择，其中一些确实有帮助。浮板或许是最常见的了，其次是脚蹼。手蹼、夹腿板、弹力绳等都以更强的力量或更快的速度这样的噱头来吸引着你。它们应当像水中的重训器械一样，让你的不同肌肉发挥作用，接着以密集训练的方式不断给肌肉施加压力。

有一些辅助装备确有益处，其他的不过是不带来伤害而已。还有一些听起来很棒，但实际上只不过是在浪费你的时间，最糟糕的是可能会影响你的游泳。是的，几乎每个人都在使用这些用具，这是因为大多数人对训练辅助用具存在误解。所以，让我们来好好分析一下吧。

在所有难于定义的被统称为"游泳天赋"的因素中，最有价值的就是出色的肌肉运动知觉。有天赋的泳者完全明白如何更好地**利用**水来减少阻力，增强身体的流动性。但是，我认为教练所说的"天赋"中的很大一部分是**可以学习**的。毫无疑问，"一般"的泳者可以通过加强他们自己的运动知觉产生更多动力，效果比任何打着"努力"的旗号的练习都要快。

　　最常用的训练工具有两个缺点：（1）它们鼓励你更费力而不是更有效；（2）他们会主动干扰你发展运动知觉的能力。最后，对正在进步的泳者来说，还有一个问题，那就是要把有限的时间用在有最大价值的活动上。全浸式游泳法会**快速**帮助你游得更好，但夹腿板、浮板和脚蹼都做不到。

# 对浮板说"不"

　　浮板训练的主要目的是纠正腿形，让打腿**更有力**。为什么要使打腿更有力？（1）因为你感觉腿在下沉；（2）为了游得更快；（3）燃烧更多热量。但是，（1）平衡——全浸式的平衡——会让你的腿浮起来；（2）更快、更流畅的理想打腿是完美融入整体运动的动作；（3）下一章会解释，最好的燃烧热量的方式是**轻松地**游泳。浮板实际上对提升你的自由泳姿势毫无帮助，不管是学习游泳还是为全国比赛进行准备性训练。在浮板上摆动——手臂、躯干和臀部僵硬地固定在某一位置——与游泳时的打腿截然不同，因此浮板的练习对学习使身体有效地在水中移动的打腿没有任何帮助。对"纠正腿形"也一样没用。

　　由于你的腿在浮板上进行的打腿和游泳的时候完全不同，浮板唯一训练的是带着板子打腿。如果你想要参加允许推着浮板前进的比赛，那浮板练习就有意义了；不然的话，**完全是在浪费时间！**想要纠正腿形，在练习全浸式时轻轻打腿就能让你的腿完成比赛准备工作：保持放松。你永远不会再用浮板了。

# 丢掉夹腿板

夹腿板最主要的问题是，它们会让你以为自己达到平衡了。成千上万的泳者使用夹腿板是因为糟糕的平衡是很普遍的现象。夹腿板会给臀部和腿提供支撑，让你感觉更好，游得更快。问题是，一直使用它是不可能让你学会保持平衡的。一旦去掉夹腿板，下沉的感觉就回来了，你的表现没有任何提升。想要在没有夹腿板的情况下一直感觉更好？进行平衡技巧练习——保持头部与脊椎成一条直线、"下坡"游、用拳套®游，这些会让你真正学会在游泳的时候如何保持平衡。

通过带着夹腿板进行训练，利用负荷和释放手臂来提升动力的实际训练效果则恰恰相反。夹腿板提供的外来浮力，让你的身体浮在水面，此时手臂**负荷被动减少**，因此根本没有训练效果。更有甚者，用夹腿板实际上会破坏你的划水动力，因为动力并非来自手臂，而是来自身体核心部分的摆动。夹腿板则倾向于抑制身体摆动，这样会干扰节奏和力量。所幸一旦你掌握了平衡，夹腿板的感觉就完全不对，你很容易就能摆脱它。

使用夹腿板唯一有意义的情况是：如果你是一直没能很好地平衡身体的极瘦的、肌肉结实的运动员，如果你在做平衡技巧练习的时候一直感觉困难，如果你的打腿是"慌乱"的，或许可以有选择地使用夹腿板来打破挣扎的怪圈。保持头部与身体成一条直线，静静地在水中游。在这样做的过程中，调整身体去感受水的浮力，不慌不忙地划水向前，游得"更高"一些，就能**放心大胆地去打腿**。一趟之后还没感觉？做更多的25码游。当这种感觉降临的时候，抓住它们并将其印刻在神经系统中。接着去掉夹腿板，游两趟25码。保持头部与身体成一条直线向下游，尽量游得轻松安静。只有一个练习目标：让没夹腿板的往返游感觉和有夹腿板时一样；耐心地重复这个模式10～15分钟。在没有夹腿板的感觉和有夹腿板一样轻松时，再多游几趟25码。

## 灵活的双手比僵硬的塑料更好

手蹼的"罪名"很简单：当你戴上了手蹼，突然间会感觉自己已经学会抓水和有力的划动了。手蹼通常被看作动力工具（手蹼越大越好，至少理论上如此），用多出来的平面推动水流。但是除非你的划水动作**无可挑剔**，否则用手蹼划水只是增加肩膀受伤概率的最佳方式。如果你够幸运没有受伤，一旦脱掉手蹼，你会感觉好像在用冰棒划水。有什么用呢？

不过和夹腿板一样，也有一种例外情况。你可以偶尔使用小的手蹼非常慢地游上几趟，集中精力去感受在它们的帮助下**"刺穿"**水面的感觉，或者失重般地滑行很长一段距离，或者定下来抓水。接着去掉手蹼，和使用夹腿板一样，尝试在没有手蹼的情况下重现那种感觉。除非戴手蹼可以让你少划几次水，不然它们就是没用的。

为了练出艺术家一样能够控制水流的**灵活**双手，可以考虑拳套®。它被证明是全浸式游泳教学不可或缺的辅助工具，我们全浸式周末游泳班的学员人手一双。它们可以把任何泳者变成问题解决者，以前所未有的方式抓水。

拳套®存在的问题：当没有什么可以抓的时候如何抓住水？拳套®把手挤成一个被橡胶紧紧包裹的拳头，把一个又宽又平的表面变成了一个橡胶块。前几趟的时候，你的手会在水中无助地划过，但是渐渐地，你发现自己可以抓住**一个水分子**了，一部分原因是你开始用前臂去划水，还有一个原因就是你变得更有耐心了。通过无比的耐心和专注的抓水，你最终学会了如何在水跟被包裹的手之间产生**些许**对抗力。反复练习能让你学会用最小的阻力完成最棒的动作。如此一来，通过持续耐心的划水，戴拳套®游泳的感觉会逐渐变得"正常"。一段时间之后，你甚至怀疑自己是不是戴了拳套®。可以通过每趟的划水数和游泳高尔夫技术来衡量自身控制力达到的程度。

当然，真正的奇迹，会在脱掉拳套®的时候发生。一下子，之前普普通通的手似乎**变大**了，就像在前臂装了一个餐盘大小的手蹼，抓水变得轻而易举。

为什么拳套®比手蹼更适合培养水感？因为手蹼与拳套®的原理完全相反。泳者以为他们是通过"大手"来学习抓水感受的，脱掉手蹼他们就能记住这种感觉。戴手蹼的时候，你的确感觉更容易抓水。但是脱掉后呢？感觉在用冰棒划水。你的手会变得笨拙而不知所措。所以我们有时候会把拳套®称之为"反手蹼"，因为使用之后你自己的手会变得更灵巧。

拳套®应用的最简单的方式是每次练习的前20～25分钟都戴拳套®，不管你在这段时间怎么游。每一趟都会帮助你提高平衡性和适应性。脱掉拳套®之后，你就能带着更深刻的直觉游到最后。或者，在60分钟的练习中，戴拳套®游20分钟，脱掉拳套®游10分钟，再戴回去游20分钟，接着再脱掉游10分钟。

## 用脚蹼只是为了辅助学习，不是为了暂时的速度提升

我印象中脚蹼经常被用于短时的速度提升。泳者们穿上脚蹼，马上就能游得更快。但是，与夹腿板和手蹼一样，这也正是脚蹼的问题所在。它们只是临时的人工辅助工具，穿戴的时候能帮助你游得更轻松或者更快。但是游泳者本身并没有真正学会技能。**根本没有**。戴脚蹼游得更快就像穿厚底鞋显得更高一样。

以这种方式使用脚蹼，会干扰你学习流畅、放松且有效的划水并使之变成固定习惯的能力。尤其是**专门**为了提升打腿而设计的短脚蹼，似

乎比长脚蹼效果更显著。你的腿移动得更快，手臂也会相应地加快速度。然而更快的翻转（即更高的划水速率）不正是我们试图**避免**的吗？短脚蹼最初的设计意图是帮助短距离游泳选手实现更高的划水速率，同时让泳者的腿适应**更有力的**打腿——这是短距离赛的关键。但这却是全浸式泳者试图避免的。

脚蹼当然也有例外。就像我在第八章中所说的那样，对那些因脚踝僵硬而无法完成技巧练习的人来说是有帮助的。使用脚蹼可以保存体力，集中精力使动作流畅，更好控制动作对掌握一项技术来说是一大帮助。在很大程度上来说，即便你谨慎地使用脚蹼来提升技巧练习，在进行全程划水游的时候也最好脱下它们。

# 游泳凳

游泳凳被吹捧为更好的游泳方式，在某种程度上甚至超越了泳池。游泳凳制造商许诺，它能让你的划水趋于完美，在家也能像在泳池中一样进行"游泳"锻炼等。事实上，这些凳子**只会**让你的手臂更强壮，获得类似体能锻炼的效果，而能否提升你的游泳技能，非常值得怀疑。身体在水中的移动和躺在凳子上完全不同。从凳子到泳池，生理机能（肌肉群的互动）和运动知觉（你的"肌肉感觉"）会发生巨大变化。游泳凳上的锻炼只会让你的游泳凳练习变得更好。如果你只是打算参加游泳凳比赛，那就全力进行游泳凳训练吧。如果一定要在家里做些游泳补充练习，你可以买一种价格只有游泳凳5%的设备，就能获得近90%的收益。这个设备就是弹力绳。

# 弹力绳

弹力绳由一段段橡胶管连接而成，两端有把手，中间的尼龙环可以固定在各种稳定的物体上。这二十年来，弹力绳是我最喜欢的训练用具之一，因为它们最实惠且可调节各种强度，值得好好推荐给泳者。实际上，纽布伦斯威克大学的研究发现，每天进行20分钟的弹力绳锻炼（12～14分钟锻炼，6～8分钟休息）能帮助泳者在3周的休息时间里维持所有的体能。

弹力绳能带给你像水带来的那种稳定且流畅的阻力，还能在关节和活动空间范围内配合你进行各种类型的运动。如果你是用重训来提升游泳力量的，弹力绳可以帮助你在重训内容与泳池中的游泳动作之间建立起桥梁。重量训练能够专门锻炼举重的那部分肌肉，但游泳使用的肌肉有所不同，通常处于低负荷的状态。弹力绳训练能帮助你将重训肌肉转变为泳池中的肌肉力量，通过专门的游泳动作来训练肌肉，给肌肉带来的压力比水的压力更大。

总之，弹力绳多被用于"预适应"性训练，来纠正游泳造成的肌肉不均衡，通过加强肩关节的力量来预防肌腱炎和其他伤病。实际上，物理治疗师也会推荐使用弹力绳来辅助治疗肩部伤病。

# 游泳水槽

写这部分的时候，我的地下室正准备安装一个无边际泳池——水流持续从一头流向另一头的泳池。在本书的第一版中，我表达了自己的担忧，在原地游泳过程中，水流经身体的动力会破坏全浸式致力于建立的游泳效率。过去几年间在无边际泳池中的经历改变了我的想法。

对越来越多的全浸式教练来说，设置有慢速水流的无边际泳池，不管是进行教学还是全浸式技巧练习与技能训练，都是一个方便且高效的场地。但是如果你让水流一直加快，最终划水就会和一直费力游泳一样糟糕。泳池保持中速水流的主要益处如下：

• 因为没有"墙"，你的游泳就不会被打断，你不需要转手或回头，真正拥有了一座**无边际**的泳池。在25码长的泳池里练习全浸式技巧或技术的一个缺陷是，你刚刚找到节奏，或者刚调整到所追求的感觉，就触壁了。这堵墙打断了你的专注，需要从头开始重新"印刻"动作。在无边际泳池中，一旦确定了动作的质量或感觉，你就能一直持续循环，这是建立正确肌肉记忆的有力武器。

• 没有一趟趟的游泳或反复游，也不需要关心计时钟。在无边际泳池中，你可以把注意力集中到**真正**重要的事情上：动作是否流畅？像鱼一样划水是什么感觉？因此，在无边际泳池中的练习有一种入禅般的纯粹。

我计划把无边际泳池作为教学和自己练习游泳的工具。非常期待想游就游的生活，不管是早晨5点还是晚上11点，不用离家就能享受一个又一个优美划水的美妙过程。

## 游泳系绳

游泳系绳是一根灵活的绳子，可用来把你和泳池壁系在一起。一些绳子的长度仅能让你向前移动几码，然后你就在延长的橡胶带的一端固定位置尽情划水，划多长都行——完美，一些人这么觉得，这就可以在和后院或宾馆的狭小泳池里训练了。

在狭小空间里锻炼，这种想法听起来很合理。但不幸的是，一条很短的绳子把你固定在某处，你的脚部或脚踝会承受向后的拉力，这种不自然的力除了让你游得糟糕外没别的作用，对任何进行技巧练习的人来说都是一种阻碍甚至是破坏。另一方面，有一定长度的游泳系绳可以让你一直游到25码的尽头（达到25码的绳子一般由30码长的轻质橡胶管组成），这确实有好处。这样的系绳会让你对抗逐渐增大的阻力：在你稳步向前移动的时候，最后的5码会非常难。

佩戴游泳系绳之后最好数着划水次数，努力减少单位距离内的划水数（总数显然要比没限制游泳时多），同时做游泳高尔夫。使用运动手表给自己计时，把划水次数与时间相加，就会得到你的分数。在接下来的练习中，努力减少这一分数。

你甚至可以练习短距离冲刺。一路游向绳子远端的时候，在池边休息（抓紧了！）一会儿，接着转身尽量快地游回去，绳子会把你更快地拉回去。这被称为"短距离辅助"训练，让你的肌肉适应比最快的比赛速度还要快的速度。

但是如果你只专注于自己的划水数或者高尔夫得分，那就轻松地漂回出发点，让绳子完成所有的动作。一分钟后，你需要把刚才节省下来的能量再次用于泳池中的努力训练上。

游泳训练辅助用具证明了：买回来的东西不一定有用；书本或广告上听起来合理的理论不一定对你的身体起作用。最简单的"泳池用具"才最有效，记住，那就是你自己的身体。

<  第三部分  >

# 终身游泳

## 健康、强健且开心

——我们来告诉你怎么做

# 第十四章

# 游泳减重

"游泳，绝对是最棒的全身锻炼。但是如果你想减重，就去跑步吧。"

很多人这么认为，然而他们都错了。我这么说，不是为了让想要减重和想在泳池中度过大部分锻炼时间的人产生兴趣。实际上，没有科学证据证明他们不应该游泳，相反我们有充分的理由鼓励想减重的人全身心地投入到游泳这项运动中来。

游泳一直以来都被误解了——尤其是与跑步和骑车相比，怀疑论者一直强调，游泳在体重控制方面"很出色但是没法燃烧脂肪"，这让很多人错误地走上跑道去追求好的体形。一个算不上科学的例子就能让你理解这一点：数一数周六早晨有多少身材消瘦的人在街道上跑步。这些只是运动爱好者，还没算上赛场上的顶尖运动员呢。

还是让我们科学地分析一下吧。真正的问题是，游泳锻炼能不能和跑步或骑车一样消耗同样多的热量和脂肪？一些研究已经证实，答案是否定的。但是上述每项研究中，实验的天平明显倾向跑步或骑车。这些研究都犯了同样的错误：研究人员对比的游泳和跑步，并非处于同一强度。游泳的速度太慢了不足以形成一个可靠的比较。

　　1989年加州大学戴维斯分校开展了一项研究，对跑步和游泳的减重效果进行了比较，两组受试者都以相同的强度——每一位受试者都发挥了最大能量的75%——进行锻炼。你觉得会发生什么？泳者减掉了与跑步者相同的体重（实际上的减重比跑步者还要多一些）。

　　四年后，霍华德·韦纳（Howard Wainer），新泽西州普林斯顿的一位泳者，同时也是一位统计学家，他经过演算发现，泳者每小时燃烧的热量比跑步者**多**25%。韦纳的研究被刊登在了美国统计学协会的期刊上，结果显示游泳消耗更多能量是因为水的阻力比陆地上空气的阻力大得多，还有一个原因是泳者比跑步者要动用更多肌肉。

　　当然，泳者对此毫不意外。了解游泳这项运动的人都知道，顶尖泳者和其他运动的顶尖选手一样精壮。他们比顶尖跑步者看起来更壮，是因为他们**确实**更强壮。速度快的泳者需要强有力的上半身，所以他们的手臂、胸部和背部肌肉比跑步选手甚至自行车运动员都强壮得多。

　　所以，不管是游泳还是其他运动，职业选手进行同样强度的锻炼往往就能造就同样强健的体格。但是为什么普通泳者和普通跑步者之间有这么大的减重差异呢？我认为，基本的生理学知识就能解答这个问题。人在水中的体重只有陆上的10%，超重的跑步者每跑一趟都能感受到额外的重量，而大块头的泳者会感觉舒服得多。所以谁更有动力去关注体重秤的数字变化呢？

　　研究人员对同样的饮食行为做了更科学的解释。泳者体重通常更重不仅是因为他们比其他项目运动员消耗更多的热量，还因为他们**消化吸收**得更多；这是加州大学尔湾分校医疗中心的格兰特·归纳普（Grant Gwinup）博士的研究结果。归纳普的论证是：水，在78华氏度（1华氏度≈17摄氏度）的时候，能比同温度条件下的空气从身体中吸收更多热量。泳者的身体会相应地增加一层隔热层，这必然需要食物的补充。我的个人体验支持了归纳普博士的理论。跑步之后，我从不想吃东西，但是游泳结束，我的胃都饿扁了。

然而，不管你是不是顶尖运动员，一些方法可以帮助你在游泳的时候燃烧更多脂肪，**同时**抑制游泳后的胃口大开。首先，通过保持充足的水分供应来维持满足感（见"水合作用：当泳者缺水的时候"）。锻炼过程中要大量补水，不管出于什么目的你都会这么做的。其次，游泳之后立马补充一些有饱腹感的低脂食物（比如水果或无花果棒）。这能安抚你急不可耐的胃口，且不会让你增重。

如何——甚至何时游泳都会影响最终燃烧的脂肪量。在剧烈运动中，你的肌肉必须依赖有限的能量供应。但是如果用中等强度游泳，情况截然不同。尽管较慢的速度会让你花费更长时间燃烧同等热量，但消耗脂肪占比更高。

现在，生理学家认为，我们其实可以通过训练自己的身体，在强度更高的游泳运动中燃烧更多脂肪。临界点大概是最大强度的60%，这个强度实际上并不高，达到临界点之后我们游得越努力就越能消耗更多的热量。但是经过适当的训练后，我们可以在70%甚至80%的强度上让脂肪继续燃烧。

你可以这么做：戒断碳水化合物8～12小时后进行一次60～90分钟甚至更长时间的游泳练习。最简单的方法就是在吃早饭之前进行。轻松地游60～90分钟，你会燃烧更多储存的脂肪（全浸式间歇训练——必须**放松地休息**——和不间断的练习一样有效）；按照这个模式不断地进行重复性练习，你的身体就会被训练得去消耗更多脂肪而不是肌肉能量（即糖原）。

需要更多有关空腹游泳的诱惑？好处来了：加州大学戴维斯分校的研究成果还告诉我们，长时间的轻松的有氧训练会让你在运动后也能继续消耗能量，提升身体的新陈代谢率，这样你会在锻炼后的12个小时内持续燃烧更多热量。

底线是你**确实能**在泳池中减重。任何减重受阻的泳者都应该检讨自己，而不是责怪游泳这项运动。

# 水合作用：当泳者缺水的时候

在这本书的开头，我曾承诺只用泳衣、泳帽和泳镜就能成为一位优秀的泳者。不需要其他的装备。

事实上也不尽然。泳道尽头的池边要一直放一件物品——水杯。因为在水中出汗的感觉并不明显，所以你往往认为自己没有出汗。事实上，你不仅在游泳训练中会出汗，而且是大量出汗。

你可以在游泳前后分别称一下体重。一定会变轻，而且少的都是水分。虽然汗水流失仅占体重的2%（150磅的泳者仅减少3磅），却能让你的表现急剧下降。实际上，脱水更容易让你放慢速度，而不是用尽肌肉能量，因此"水分装载"比能量储存重要得多。

普通水并非首选。得克萨斯大学的运动生理学家杰克·威尔默（Jack Wilmore）博士研究发现，1小时内的锻炼，补充普通水效果最好。如果运动时间更长，含电解质（盐分）的可用于补充体液的运动饮料更容易被血液吸收，这意味着更好的表现和运动后能更快地恢复体能。

此类饮料的配方不尽相同，所以我只能重复教练们给出的标准建议：实验。一些人可能同意你的做法，另一些人会反对。我找到了一种自己喜欢的味道，我的胃也能很好地吸收它。而且我发现，开始饮用这种饮料后，在75分钟训练的后半程中我的表现有显著提升。

### 泳者补水的规则

1. 泳者每15分钟就会排出6～8盎司（1盎司≈30毫升）的汗液；是

的，即便在泳池中也是如此。这意味着每15分钟就要大量补水。

2．想要更精准？那就在锻炼前后称量体重。每减少一磅就是一品脱（16盎司）的汗。下次就带这么多的水去。

3．预先补水。游泳前两小时喝2～3杯水（16～24盎司），然后运动前15分钟再喝2杯。

4．在感到口渴之前喝水。口渴意味着身体已经极度缺水，此时已经无法阻止身体脱水。年长泳者尤其如此，因为中年之后我们会因为身体逐渐干瘪而较少感到口渴，身体的警报经常会被忽略。

## 在泳池中减重：怎样游泳能燃烧最多脂肪？

游泳是有效减重的运动吗？尽管各种反对的声音此起彼伏，但游泳确实是。众所周知，如果你消耗的比吃进去的多，体重就会下降，不管是骑车、跑步还是游泳。而且你会发现游泳是最舒服的消耗热量的运动。

所以，如果你想通过减少身体脂肪、改善胆固醇值和降低血压来减重，那游泳正合适。不管你信不信，实现上述目标以及提升划水技巧的最佳方式，就是轻松游泳——全浸式游泳的基石。

研究证实，只要游相同的距离，中等强度锻炼（大约是最大心率的60%）能带来与高强度训练一样的健康收益。不过要注意，这里看重的是健康，而非运动表现。显然，如果想要比别人游得更快以夺取冠军，就必须进行高强度训练。仅为增强心肺功能则不必如此。

位于达拉斯的库珀有氧运动研究中心进行了一项为期6个月的研究，发现每天慢步走3英里的女性，与另一组以更快的步伐完成同样距离的女性相比，获得了相同的健康收益。实际上，每英里散步可消耗的热量与跑步一样，不过是需要花费更长时间才能完成同样的距离罢了。

佛罗里达大学人类行为实验室负责人米歇尔·波洛克（Michael Pollock）博士发现，慢速步行在减脂、降血压与减少胆固醇方面与快速行走有同样的效果。而库珀研究院的研究发现，慢步实际上比快速行走能消耗掉更多脂肪。

上述结果都不让人意外，因为研究者一直都知道，最好的燃烧脂肪的方式就是低强度、长时间的锻炼。身体的能量来源有两个：脂肪（我们希望能消耗更多）和碳水化合物（身体会自行选择消耗碳水化合物，毕竟这更有效）。长时间的轻松运动会让身体把消耗的重点更多地放到脂肪上。

"运动的总量最终会成为重要的影响因素，"波洛克说，"人们可以运动得慢些，不过是花费更长时间达到同样的效果。"

嗯，这显然很容易。如果你的平均速度是1分30秒游完100码，那你只要锻炼27分钟就够了。如果游完100码用时为2分钟，锻炼时长就是36分钟。但是速度和距离不能同时减少。即便是美国运动医学会——他们现在认为低于最大运动能力60%的运动是对的——也认为必须运动足够长的时间、足够多的频率才能获得更好的效果。对于成人泳者来说，就是每周游3~4次，总距离6000码到8000码。

所以，我们很容易发现，放松步调可以使你更有动力前往泳池。高强度的锻炼不可避免地会带来高退出率，因为人们没法享受运动，在不能"跟上节奏"的时候很容易就想放弃。"鼓励更慢、更舒服的运动，"波洛克博士说，"人们就有了理由去锻炼而不是找借口逃避。"

我对此毫无异议。毕竟，轻松地游泳也是全浸式的最佳方式。低强度的训练能让你更有效地进行专项技能练习和技术训练，记录每段距离的划水数，这才符合你在泳池中燃烧脂肪的目的。

即便是泳者更感兴趣的间歇训练也能"燃烧脂肪"，只要是放松地进行的。重复训练之间的间隔不需要太久，因为你的心率需要保持稳定。

不过即便这样，短暂的休息也大有益处，尤其是对于成人泳者来说，因为这样他们就能控制肌肉和血液中堆积乳酸的程度，从而有效地缓解疲劳。这自然意味着运动后更少的肌肉僵硬与酸痛。此外，反复游之间的休息时段能帮助心脏输送更多血氧和营养物质给关节与肌肉，从而避免受伤。

　　但是怎样的速度才"够慢"？可以用这个公式来确定轻松、能减重、有益健康的速度：最好的100码成绩乘以1.25～1.5之间的任意数值。如果你的最好成绩是1分20秒，那你的最适宜速度在1分40秒到2分钟之间，每段反复游之间休息的时间为10～20秒。如果做划水专项练习，而不是单纯的游泳，你的时间一般会在上述数值区间的前半段。同样的公式还能计算其他距离反复游的速度，也可以按照附录的全浸式训练进行练习。按照推荐的方式去做，既能提升划水质量，又能燃烧脂肪。

　　为了享受最佳燃脂效果，只要增加反复游趟数或练习组数即可，这样至少应在泳池中待上1个小时。但是这么做的时候，要注意更长时间的训练（目的是燃烧脂肪）和高质量的技能练习（让你变成更好的泳者）之间的冲突。如果你不能在1小时乃至更长的时间内保持好的体形，就不要仅仅为了多燃烧一些脂肪而延长练习时间，因为这样的话疲劳会影响你的姿势。相反，增加30分钟的散步、骑车，以及在跑步机上跑步或任何类似骑车的运动都能帮助你燃烧更多的脂肪和热量，同时让你保持良好的运动姿势。

# 第十五章

# 保持强壮、体力充沛且不受伤
## ——以全浸式方法进行"陆上训练"

我写这本书的目的是想告诉你们在泳池中应该做些什么，所以不到最后我不会去聊游泳教练口中的"陆上训练"。但是全浸式，与其他游泳方式一样，也是一种明智且实用的运动哲学。此外，如果在看到这本书的时候，你还是一个游泳新手，你应该花时间浏览一下这个"快速入门指南"。这一系列的运动建议是为了实现如下3个目标：

• 作为游泳这种无重力水中锻炼的陆上补充，对强健肌肉骨骼至关重要。

• "热身"锻炼能让你的肩部——泳者最重要的关节部位——保持健康且不受伤病困扰。

• 切合实际的针对力量训练的基本指导，会让你的身体在做游泳动作的时候处于最佳运动状态。

我会在本章描述这些基本知识，且在附录中提供深入研究的更多资源。

# 预防肩部受伤：一个快速而简单的计划

　　既激烈又轻柔，游泳这项运动配得上这一评价。但是"轻柔"并不意味着"零伤病"，尤其是肩膀部分，可以说是麻烦的发酵罐。从解剖学角度来看，肩膀像一个壁球（上臂骨骼的一端）平衡地坐落在一个瓶盖上（肩胛的底座）。球与瓶盖由17块肌肉连接在一起。这非常适于移动，但是不适于通过手臂快速向后运动来抵抗阻力。"游泳肩"在游泳运动员中是很常见的现象，因为"人类泳者"会凭借直觉去推水，而不是固定手部让身体核心来推动身体向前。结果，过分伸展的旋转肌群让手臂骨骼（又名肱骨）窝在肩胛骨，这会挤压稳定肩膀的肌肉和肌腱，导致肿胀和疼痛。

　　泳者的肩膀每英里会转动1200～1500次，所以必须提前做好预防措施。最需要加强的肌肉，一是稳定肩胛一端的旋转肌群，目的是让其他的肩膀肌肉有效运作，二是肩胛稳定器，使肌腱免于挤压，避免旋转肌群承受过多压力。这个练习的最重要的好处是省时省力（每次10分钟，每周3次）。所有的针对阻力的锻炼，只需要1根弹力绳、1条弹力带或者轻量重训——阻力够小的情况下每个动作至少重复10～15次。持续锻炼直到感到疲劳，休息一会儿再做第二组练习，每个动作至少重复20～30次。随着时间的推移，试着在一组练习中进行30次以上的重复性练习（这样就不需要第二组练习），可能这样也不会感到疲劳。

## 强化旋转肌群

　　练习1：站立姿势，手放于身体两侧，手中各拿一个哑铃。双肩向前转动，然后向上靠近耳朵，接着向后，最后放下；尽量以最大的幅度旋转。由前向后转一圈后，再反方向转动。

练习2：侧躺，手垫在头下，另一侧上臂贴近身体，手肘弯曲90度，指节向前，手掌向下，手中轻量负重。上臂保持贴近身体，缓慢旋转前臂直到指节指向天空，接着以同样的速度缓慢恢复。这个练习也可以站着做，用弹力绳或弹力带提供阻力。手臂尽量贴近身体保持"握手"的姿势，手肘在肋骨的位置（为了获得更好的稳定，可以在手肘和肋骨之间放一个薄垫子或枕头）。双手抓住弹力绳或弹力带的两端，前臂缓慢转到身体两侧，接着以同样的速度恢复。

练习3：站姿或坐姿，手臂伸直悬于身体一侧。大拇指带领手臂缓慢向上，直到肩膀前下方，在这里停一会儿，接着以同样的速度恢复。可以用5～8磅的哑铃或弹力绳/带提供阻力。

练习4：弯腰，手臂伸直（放松膝盖，避免后背拉伤）。指节和微弯的肘部带领手臂向上到肩膀的位置，停一会儿，然后以同样的速度恢复。

## 强化和稳定肩胛骨

练习1：坐在一张扶手椅上，双脚平放于地面。手放在扶手上，伸直肘部，向下推让臀部抬离椅子。（如果完成这个练习有困难，可以用双脚轻踩地面；如果手臂肌肉更有力，可以重点通过手臂来完成。）上班的时候也能做这个练习！

练习2：手放在稳定的桌面上（柜台、书桌或沙发靠背，任何4英尺高的物体都行）。调整腿部，让自己处在半蹲的状态，头和脊椎成一条直线，双手与肩同宽，手臂伸直。慢慢做一个推起——**但是不要屈肘**。手臂伸直，胸部下降几英寸让你的肩胛骨收缩、相互靠近。接着，用肩膀肌肉推回，肩膀拱起，尽量延伸肩胛骨。随着力量的增强，换成更水平的姿势，最终直接做俯卧撑或"平板"支撑。

练习3：把弹力带或绳固定在一个稳定的物体上，高度到腰部或胸部。抓住弹力带两端，手臂伸直前举，肩膀向下远离耳朵，接着回拉肩膀（让肩胛骨挤在一起），然后以相同的速度向前恢复，直到感觉肩胛骨伸展。动作要足够慢，感受背部中间肌肉的收缩和放松。

练习4：俯卧，将一个毛巾卷垫在额头下方，一个枕头垫在臀部下面。手臂向前伸出（二头肌与耳朵保持2英寸的距离），肘部打直，大拇指向上。尽量向上抬起手臂，肘部不要弯曲，在最高点保持一会儿，接着慢慢放下。感受从肩部到背部中央的肌肉发力。一开始手臂不负重，之后可以举起2～5磅的哑铃。

练习5：俯卧，将一个毛巾卷垫在额头下方、一个枕头垫在臀部下面。手臂侧平举与肩膀同高，手掌向下或向前（竖起拇指）。肘部不要弯曲，在抬起手臂的过程中肩胛骨向内挤；在最高处停留一会儿，接着缓慢落下。可适当增加手臂负重。

## 延伸肩膀下方的肌肉

游泳能提升人的灵活性，比其他任何运动更能延缓身体的老化和僵硬，但是只游泳是不够的。实际上，即便在对"身体很友好"的全浸式游泳训练中，你的肩膀肌肉仍旧在执行一项重要的任务——保持手或手臂的杠杆平衡，这样你才能移过甜蜜点。肩膀肌肉在经历一小时左右的重复收缩之后能得到拉伸就再好不过了。这里讲的6种拉伸，都针对最常使用的肌肉，会让你感觉放松且有力。可以在游泳之后冲澡的时候做下面两组练习，每次拉伸维持10个瑜伽呼吸的时长。

拉伸1：一只手举过头顶，手落在肩膀后面。手肘后部尽量靠向一侧墙角，持续压迫直到感觉到从手肘到腋窝及下方的延伸。

拉伸2：两只手举过头顶呈流线型姿势。身体尽快倒向左边，紧接着倒向右边，感受另一侧身体从下往上的延伸。

### 延伸肩膀前方的肌肉

拉伸1：手臂伸向一侧与身体呈直角；手肘弯曲90度，指尖向上，掌心向前。让掌心、前臂和手肘压在门上，肘部保持与肩膀同高。在手臂压在门上时，另一侧臀部向后转，直到肩膀前侧到上胸部感受到拉伸。把肘部抬到耳朵的高度，重复。

拉伸2：双手放在背后合十，拳头落在臀部位置，肩胛骨内收。手臂在伸手的作用下慢慢地向上抬，尽量抬得高一些。不能再抬高的时候，腰部前弯，继续保持，试着让手臂竖直向上。

### 延伸肩膀后方的肌肉

拉伸1：手背放在下背部（手掌向后）让肘部伸向一侧。使指尖对着另一侧臀部。肘部内侧顶住门框，同时转动另一侧臀部向前。让肘部尽量向前，直到整个肩膀后部都感受到拉伸。

拉伸2：右臂伸向左侧，肩膀位于下巴下方，右手、右臂和上臂与地面保持平行。将左手放到右手外侧，左手腕位于右手肘下方。用左臂不断拉动，将右臂尽量压向胸部。接着换手。

# 功能性力量训练

很多泳者很容易就会产生这种错误观念，认为只要身体强壮就能控制水流。但是，水这种流体，不会屈服于单纯的力量。水的阻力能轻易胜过你的任何一种力量，想要战胜它需要巧妙地发挥一种特殊的力量。

世界上最好的泳者都不是大块头，也没有精雕细刻的肌肉。打破世界纪录以及让所有人都能游得高效、流畅且愉悦的力量就像纤细优雅的钢缆吊起布鲁克林大桥的力那样，而非举重比赛中举起巨大磅数的蛮力。这并不是说传统的重训对泳者没有任何帮助。美国运动医学会研究显示，超过30岁的人为了健康，应该一周做两次阻力训练。如果你有去健身房的习惯，不要只关注"游泳肌肉"，可以在健身教练的帮助下制订一系列增强全身力量的计划。

对游泳来说最有价值的应该是"功能性力量"，即让你做任何事——不管是给花园翻土、给人行道铲雪还是游1500米——都更有力的力量。这就意味着要训练肌肉和关节在移动时的协同运作能力——多个肌群、关节和复杂动作平面的同时运作。因为快速游泳不是单凭力量在水中行进，而是通过保持身体姿势来减少阻力，同时还包括连接推进的划水动作和核心躯干"运动链"的力量。通过练习使躯干和手臂肩膀肌肉协同运作才能产生这种力量。我从四十多岁开始定期进行瑜伽练习，这是一种比其他类型的运动——比如举重、仰卧起坐或拉伸——加起来还要复杂的运动形式。

瑜伽练习对我的游泳特别有帮助，因为通过瑜伽我学会了把身体当成一个系统，综合动用所有的肌肉群，抵抗重力和自身的不协调，以增强每个动作的力量和灵活性。像俯卧撑、引体向上、双臂屈伸、踏步登阶以及深蹲等这样的锻炼方式，如果只是依靠自身重量来做，也能增强肌肉和关节稳定，让肌腱和韧带适应动作而不是承受器械或额外负重的压力。

功能性力量的关键是"核心力量"，即腹部肌肉、脊椎旋转肌和竖脊肌、臀屈肌和大腿后侧肌群等的力量。如果核心力量不够强，你的身体就没法发力，因为你的躯干是把力量从腿部传递到上半身的连接器。各种形式的腹部锻炼，尤其是普拉提能够提升核心力量。我一直跟着一位专业的老师学习普拉提，同时在相关书籍的帮助下自行练习。

# 瑜伽球

瑜伽球练习是锻炼功能与核心力量的最佳方式之一。当然，它也是最有趣的锻炼方式之一，因为它让锻炼变成了孩童式的游戏。但并不是说它没有实质性的帮助。

这些巨大的聚乙烯充气球的最大好处就是增加了一个运动的关键维度：**不稳定性**。因为锻炼的时候球会摇晃或滚动，你的身体要动用一系列肌肉，从核心发力辐射到四肢以保持身体的平衡和稳定。示例如下：

• 做俯卧撑的时候，膝盖搭在瑜伽球上，此时除了一般俯卧撑动用的胸背肌肉，还能感受到从肩部到臀部肌肉的运动，以防止身体从瑜伽球上滑落。

• 用哑铃做"仰卧推举"的时候，让上背部和肩部压在瑜伽球上。你会感受到腹肌在支撑躯干，同时大腿和臀部屈肌在保持身体的稳定。

• 做深蹲的时候，把瑜伽球夹在背部与墙壁之间，臀部肌肉会发力以保持身体呈一条直线。

• 做卷腹的时候，球支撑下背部，时刻能感觉到正腹与侧腹的发力以稳定身体中段，且比直接在瑜伽垫上做仰卧起坐时的发力更明显。

圣地亚哥州立大学生物力学实验室的研究结果证实了我的肌肉反馈。瑜伽球被看作进行功能性组合运动时最能训练核心肌群的设备。又是**功能性**！几乎我尝试过的所有瑜伽球练习（它们几乎可以融入任何运动）中肌肉的发力都与游泳时一样——身体延展呈水平位，从指尖到脚尖的肌肉同时运动以对抗重力和阻力。在这方面，瑜伽球可以说是最好的陆上训练辅助器，而且不会让人感到厌倦。

下面推荐一些我最喜欢的练习方法。

**开始：**瑜伽球在腹部下方，保持身体水平，手在肩膀正下方，腿向后伸直，与地面平行。

**运动**：手向前移动，直到瑜伽球到膝盖位置。暂停，进行两次深长的呼吸，接着用手将身体退回起始姿势。重复5～10次。

**关键点**：从肩部到双脚保持笔直、水平。

**"进阶版"** 如下：

1．向前移动直到球在膝盖位置，暂停，做一个俯卧撑。胸部靠近地面——双脚上升，保持肩部到双脚成直线。再推回至水平俯卧，然后用手退回到开始的姿势。

2．向前移动直到球在脚背或脚踝处，接着退回开始位置。不要让背部摇晃或弯曲，保持臀部、脊椎和双脚成一条直线。

3．球在膝盖下方，摆动身体让球移到左膝，接着移到右膝。你会感到肩膀和上背部一侧肌肉在发力，以保持身体位于球上面。

在上述每个练习中，你都会感受到从手部到臀部一系列相邻肌肉群的配合——这与你在游泳时的感觉一模一样。练习过程中的多种变化会动用不同的核心肌群，这个训练和任何陆上训练一样对游泳很有帮助。

# 第十六章

# 你的朋友在等待
## ——"我可以跟谁一起游？在哪里游？"

　　长距离跑步被认为是一项孤独的运动——至少短篇故事的标题是这么说的——游泳其实也是这样。试想一下，在游泳的过程中，你只能听见自己的呼吸，对话是不可能的，视线也局限在池底和池壁；恐怕很难找得到更孤独的运动方式了。

　　不过游泳也可以是个友好的运动。也许我们在一趟又一趟游的时候，像是缩进了自己的茧壳中，但是游泳队的游泳选手都能相处融洽。这是件好事，因为加入团体比单打独斗更容易进步。多亏有地方、区域及全国的各个层次的团体，让每个人都能加入游泳的行列。

　　即便你不喜欢与人为伍，也会想重新调整纯粹依赖自己的练习计划。我大部分时间都是自己游，但是和朋友一起练习的时候，我游得更快，并且很享受这种同志间的情谊。游得更快是因为，即便是友好的竞争也能让你进步：有人在隔壁泳道的时候你会不自觉地开始与之竞争。更享受是因为，无论自己练习得多好，我还是喜欢与想法相同的泳者一起游。参加成人游泳赛是结识泳者的好机会，一群朋友聚在一起也一定能找到最合拍、最志趣相投的伙伴。随着全浸式游泳技术的提升，你会愈发享受游泳，之后的很长一段时间都会如此。在同样喜欢集中精力练习的朋友的陪伴下，你会游得更快、更享受。

# 与朋友一起游 / 找朋友一起游

## 结伴

　　找到一个情投意合的训练伙伴（2～3个也行），约定每周去泳池游1～2次。在遵守约定的义务和让游泳锻炼更规律的自我要求的驱使下，与朋友结伴而游，你的游泳表现也会更好。

　　随着游泳团体的扩大，你会发现很多人也在寻找伙伴。有一年冬天，我决定找一群朋友激励自己每天早晨6：30一起锻炼。一般情况下，我们的"锻炼团体"都会再增加五六个人，因为其他落单的凌晨锻炼者会想要加入我们。这样偶然组成的团体，是和其他人一起收获游泳快乐的最方便和最灵活的方式。你甚至能得到一些意料之外的指导，因为只要告诉他们你练习的内容和观察的要点，一起锻炼的伙伴会很乐意帮你观察划水或是练习技能。当然最好是在水下透过泳镜观察。

## 参加成人游泳赛

　　不要被"Masters①"这个词吓到，实际上它跟你想的不一样，一会儿我会解释。

　　加入成人游泳队，实际上是和各显神通的朋友一起游泳，同时也是结识新朋友的最佳方式。尽管成人泳队教练的专业程度、能力和专注力

---

① 成人游泳赛，英文名字是 masters swimming，master 一词还有大师的意思。

不尽相同，但至少会有人教你做练习规划，帮你提升划水能力。一些教练仿佛有超乎常人的天赋，能让每次练习变得更好；另一些则更像救生员。尽管在加入之前先进行询问通常会得到可靠的意见，但很多东西直到你尝试之后才会明白。与成人泳者一起游泳，时间上少了些灵活性，但是你可以在方便的时候和泳队一起练习，不方便的时候就自己练。

最重要的是，要明白"Masters"这个词并不意味着"严肃"或"精英"。成人泳者中只有很少一部分人符合那两个词的描述，更多的是游得和你一样的人或是直到加入游泳队才开始突飞猛进的队员。实际上，只有三分之一的成人泳者会参加比赛，他们中的大部分都没有参加比赛的打算。他们是为了健康和放松而游泳的，只是单纯地喜欢这项运动，想要结识同样喜欢游泳的朋友，同时寻求有助于提升游泳技能的指导。

这是种其乐融融的私人组织。尽管美国成人游泳锦标赛是全国性的，但在大部分泳者看来，负责监督本地区游泳团体的50个地区成人游泳协会（Local Masters Swim Committees，LMSC）是民间组织。LMSC负责登记、组织和批准赛事，组织团员之间的定期练习和相关社会活动。全国性相关部门协调各地的LMSC，组织全国或区域性赛事，为所有成员提供保险服务。

成人泳队有松散的非正式形式，也有组织严密的其他形式。大部分团体两种皆有，也有很多介于两者之间的形式，但是所有成员都在同一泳池中畅游。也许在其中的一两条泳道里，你会发现退役的游泳运动员在进行紧张的训练，不论是为比赛还是健康。中间的泳道，是开始参加游泳运动时间稍晚的泳者，他们也许正在为成人比赛作准备（还有铁人三项运动员，他们通常很有竞争意识，但是缺乏游泳经验）。剩下的主要是保持健康的泳者，他们的加入主要是为了获得指导和泳池中的同池情谊。如果你的技术很扎实（即能一直以20个划水完成每段距离），就一定能发现适合自己的泳道。

规模更大的泳队通常可以提供更多的练习与指导。小团体相对较弱，但是队员会有机会获得一对一的指导。有一件事是不会变的——在泳池外，成人队的泳者都很擅长社交。最后一点，那就是你应该会选择练习地点和时间最合适的一个游泳队。

## 泳池中的规则

泳池不是公园，不能把一群运动员丢进去，然后让他们自己随意锻炼。泳池的空间有限，泳道也有界线。所以泳者都要遵守不成文的规矩，这不仅礼貌还很实用，即容纳尽可能多的泳者，以安全、流畅的方式进行锻炼，避免碰撞。

越早知道这些规则，就越能融入任何泳池。幸运的是，像交通规则那样，泳池惯例在全美范围内都是通用的，所以了解之后在任何地方都能很好地游泳。但是，到了不熟悉的泳池，一定要先与救生员交流一下，他们可能发明了新的规矩。

### 1. 选择泳道

在人多的泳池中，通常会专门为快速、中速和慢速的泳者安排不同的泳道，池壁、池底或起点通常会有相对应的标识。当然，速度快慢是相对的，"快"有时是1分钟游100码，有时是1分30秒。所以最好是先观察每条泳道，然后选择看起来最适合自己的那条。标识什么的以后再说吧。

如果没有张贴指南，那就依照常规：先到先得。泳道的速度由已经在其中的人决定。如果你比定速者更快，那就省省吧。今天就专心练习划水，速度改天再说。

热身的时候，前5~10分钟里你一定会游得较慢，所以可以从慢道开始，接着转到更快的泳道。或者，游一会儿之后，你打算做一组打腿练习，速度减慢的话就换到慢道。

## 2．进入

规则一：不要跳水，一定不要！这样太不安全了，即便你觉得很安全，泳池的保险公司也不会同意。慢慢进入水中，双脚先进，从泳池两端任意一处进入皆可。

规则二：不要乱闯。你和陌生人共享拥挤的空间，随时蹬腿启程可不是善意的方式。如果有人已经在进行长距离游泳，短时间内不会停，你就先进入泳池，在一边等待一两分钟，在开始游之前让他们看到你。不要紧挨着别人开始游，不管身前还是身后至少留出5～10秒的缓冲区。

## 3．方向

如果泳道中只有一位泳者，你们两人可以同时分享这条泳道，每人一边。按照先到先得的原则，你要在进入泳道之后询问你的泳道伙伴，是"绕圈"还是"分摊"。在有3人以上的泳道中，显然只有绕圈这一个选择。所以，在进入已经有两人分享的泳道时，可以先滑进水里站在一边等待，直到他们注意到你的进入，然后询问他们是否愿意调整为绕圈模式。

绕圈模式中大多都是沿逆时针方向绕，至少在靠右行驶的国家是如此。在靠左行驶的国家，我发现人们游泳时，沿顺时针方向绕圈。把泳道分界线看作高速路的隔离带，靠右前行，尽量靠近泳道线。

## 4．相会

有时，即便是泳道里的每一位泳者都以相同的速度前行，你还是会碰上某人的脚底板。想要通过，就拍拍他的脚——只用拍一下即可。当你到达泳池壁的时候，他就会移动到右边，你就可以从左边经过。如果你是"挡路"的那个，就在下一次触壁的时候自觉移动到右边。

进行间歇训练的时候不要太死板。这是所有人的泳池，所以你要灵活地调整时间，给其他泳者一些空间。或许在你的休息即将结束的时候一位更慢的泳者游了过来，此时可以调整你的休息时间，在他们到达之前出发，而不是在他们经过的时候出发，不然会不可避免地相会。如果是一位游得很快的选手，那就把休息时间延长几秒钟，在他们身后出发，而不是挡路。

常识和自觉可以让你在任何地方都如鱼得水。如果身后一位泳者很快地游了上来，而且会在下一段赶上你，那就不要等到她碰你的脚。在池壁停下，让她先游过去。礼貌在任何情况下都是受欢迎的，甚至会获得很好的回报。

### 5. 休息

想要喘口气，就躲在右边的角落（右边就是面对池壁的右手边）；想要多歇上几分钟，就坐在池边，不要挡路。

泳池中的真实状况就讲到这里。在池边：（1）不要挡住计时钟。毕竟，人们不能透过你去看时间。（2）不要在泳道边擅自借用别人的设备，即便看起来没人用。

---

# 成人游泳赛：你不会输

近来，如果有新晋泳者提出参加成人游泳赛或公开水域赛的想法，我都会大吃一惊。新的跑步者穿上第一双跑鞋的时候，就填好了公路赛跑的申请表。为什么自学泳者，甚至是那些已经游了几十年的人，仍然会认为只有专业运动员才可以参加游泳比赛？如果跑步者也是这样的悲观主义者，认为应该在眨眼间——一般是40分钟以内——完成1万米跑，那任何成绩超过40分钟的人都不会参加了。

泳者还没有意识到他们错过了什么。练习全浸式一段时间后，你的划水开始变得顺滑、轻松而且更快，此时最好的测试进步的方式就是参加成人游泳赛。

"但是我不是为了奖牌。"你会这样说。好。其他参赛选手也这么想。去看一场成人比赛，你原有的迷思——为那些渴望荣誉的人准备的成人锦标赛——一下子就会被打破。成人游泳比赛的选手既有打发时间的业余泳者，也有全国冠军，年龄跨度也很大，很多都不可能在YMCA（基督教青年会）的赛事中有很好的表现。真的，有天赋的孩子可以在不到50秒的时间里游完100码，其他人则可能需要3分钟，但他们都能因完成了比赛而获得由衷的赞赏。

最让我这种大学专业游泳运动员惊讶的是，记忆中的需要坚定意志力才能完成的充满压力的比赛，变成了放松、友好的比赛。开心第一，成绩第二。你在与时间比赛，而不是选手间的相互竞争。

很多人道出了他们不参加比赛的原因，他们通常有如下心结：

1. **你必须从跳台上出发开始比赛**。不！成人泳者可以在水中出发，其实大部分都是这样，因为这样感觉舒服。

2. **你必须会在比赛进行中转身**。又错了。最容易的那种水上转身在成人赛中很常见。很多老年组的全国冠军都是这样转身的。

3. **你会和之前的大学运动明星同场竞技**。这是废话。首先，成人赛中只有三分之一的泳者有比赛经验。其次，如果你第一次参加比赛，会先与其他新选手比赛，因为比赛分组的标准是预计完成赛程的时间。很多赛事甚至会专门举办新手比赛，仅限那些没有参赛经验的选手参加。第一次比赛你就有可能拿到奖牌。

常规安排是这样的：比赛的时候，男女按照年龄分组，从19岁开始，每增加5岁为一组，一直到100多岁。但是预赛选拔通常依据的是比赛用时，不参考年龄与性别。一位24岁的女性可能与一位62岁的老者同场竞技，如果他们的速度相同的话。

实际上，如果你可以在25码的泳池中以良好的姿势游两趟（50码是比赛的最短距离），就有资格参加成人赛。大部分人都能在30秒到1分钟的时间里游完50码。自由泳和仰泳是技术含量最低的比赛。暂时把蛙泳和蝶泳忘掉。正规的蛙泳需要踢出蛙泳腿，这会让很多新手觉得很有挫败感；至于蝶泳，即便是游两趟对任何人来说也都是一个挑战。

成人赛一般是自由泳，这意味着你可以**自由**发挥，任何姿势都可以。我们大部分人都会使用所谓的爬泳，因为这通常最快且控制力最强。1992年，我看过一场世界成人游泳锦标赛，两位90岁的老人在200米自由泳比赛中不分伯仲。他们都采用了最基本的仰泳姿势，这也完全符合比赛规则。

最后，只要你能够完成比赛，期间不站起来或拉拽泳道线，你可以选择任何你想要游的距离，甚至是最长的1500米自由泳。全国乃至世界范围内的成人赛都欢迎任何人参加，参赛者通常可参加3项比赛且没有任何资格限制。本地、各州和区域赛，从未对参赛时间和比赛次数有过任何限制。

千万不要因为短距离的50码和100码比赛用时最短，就将其当作简单的入门赛。越短的比赛越需要技巧、力量和速度，这样才不会落后太多。你最好从500码开始，这个距离可以使你有时间琢磨练习的内容，比如体形和节奏。此外，长距离比赛比转瞬即逝的短距离比赛更接近平时的游泳练习。

参加500码比赛不需要你保持体形完美。记得我们的"70定律"：游泳表现的70%来自划水机制，只有30%才来自体形与体能。只要练习中可以不停顿地游8分钟，你就可以参加500码比赛了。

## 自行邮寄成绩的比赛：邮寄游泳测试

想要一场完全属于自己的比赛？没有观众，没有具体的出发时间，没有噪声，也没有压力？自行邮寄成绩的比赛（你只要寄送成绩，官方会计算你的得分）就完全没有压力。纽约州维克多的贝蒂·巴瑞（Betty Barry）多年来一直组织名为健身挑战的邮寄比赛，三分之一的入围者都是从未参加过任何组织和赛事的选手："一位女士在她的参赛表格中附上了一张便条，上面写着：'我不想站在出发台上，不想和任何人竞争。很高兴你让我们有机会独自在泳池中做些有意义的事情。'"

就像通过书信往来下棋一样，你不用直面邮寄比赛的对手。在任何适合你的泳池中游泳，随你自己方便，唯一的观众就是为你的每一趟计时的人。完成比赛后，把结果填入参赛表，让你的公证人签字，然后寄给制表人。几周之后，你会得到与其他选手一起的排名情况。这就像未公布的电话号码一样既私人又公开。

邮寄比赛比一场"真正"的比赛更多样化。短距离与长距离，一场是1小时内游完的最长距离，另一场可以是一整个月游泳码数的总和。和成人赛一样，邮寄比赛通常根据性别和年龄组颁奖，每5年跨度为一个年龄组。

邮寄比赛能让你的训练因为参赛而更有动力。这样的比赛也真的很方便。你不需要买机票就能和来自全国的同年龄组的人比赛，登录相关网站就能查看邮寄比赛的组织时间。

# 没有泳道线也没有池壁——开阔水域游泳赛

公开水域的比赛虽然不像成人赛那么"平易近人"，但也是放松型的比赛。因为同样的原因——"开阔公路"的自由和置身上百人队伍中的窃喜，公路赛跑比场内赛更受跑步者欢迎。

那么多跑者都不会考虑军事化的场内田径赛，公开水域游泳赛也一样会吸引那些没有参加泳池比赛的泳者。没有令人畏惧的计时员在池边的密切关注，也没有隔壁泳道对手的挑衅，更没有看台上好奇的粉丝在打量水面——甚至盯着你，公开水域比赛实际上就是在周末游上1万米。数据能证明这一点：尽管美国成人游泳赛有4万名注册会员，但只有三分之一的会员会参加我们刚刚说的比赛。然而，每年却有6万人参加铁人三项游泳比赛，还有更多的人参加公开水域游泳赛。谁会需要泳道线的呵护呢？不再被别人的脚踢到脸，被手肘打到耳朵，你完全自由了。

那么，为什么泳者从未想过脱离泳池，去探索在湖泊、河流和大海里游泳的乐趣呢？多半是因为胆怯。在那里，没有泳道线引导你，看不见水底，也没有池壁让你安心。只有找到浮标，你才不会迷路，或许有时还要跟浪花斗争，谁知道还有什么在水里等着？还是不要了。

在你从河滩跳入水中的时候，上述所有风险都是可以控制的，一切都值得。你的身体突然回忆起在漂白水、过滤器和水泵，甚至电灯出现之前，我们的游泳方式。虽然没有池壁去给你安全感，但也没有池壁限制你的自由。

显然，没有了救生员、可以站立的池底、可以抓住的池壁和泳道线，你只能自己编织安全网。下面给你一些提升安全感的建议。

# 在海里如鱼得水的策略

## 回到泳池里

如果能在泳池中先磨炼这些技巧，你会更快地适应公开水域。

1．练习两边呼吸。在公开水域比赛中，你不一定能更舒服地通过一边呼吸进行换气。风浪会对你不利，地标可能在呼吸的"另一边"，所以你需要在任何时间都能向任意一边转头。

2．在泳池练习每一趟游泳的时候，向上、向前看2～3次。在抬头之**前**想象你要寻找的东西，这能锻炼你在行进中立刻找到地上标志的能力，同时保持节奏和平衡。

3．闭着眼睛进行25码重复练习，测试在水体浑浊且没有指引的情况下游直线的能力。慢慢来，进入一条泳道，等到只剩你自己的时候再开始，除非你能像鱼雷一样精准。数自己的划水数，然后在距离池壁4个划水的时候睁开眼睛。不会有事的。这能让你在没有泳道线的情况下保持直线前行。

## 比赛前

显然，你要先在湖里或海里游一下。你要习惯没有泳道线等标识指引的环境，学会依据沿岸的地标凭直觉前进。**安全第一**：与有经验的泳者或泳队一起，或者有独木舟或皮划艇护航。冷水中一定要小心，不要远离岸边，因为低温症会损害身体的协调性，影响你的判断。潜水服是很好的保温装备。

## 比赛日

1．如果你不能边游边控制路线，至少研究一下比赛地图。记住重要的地标——尤其是终点线——在水中的样子。与救生员确认水温、潮流，如果是在海里比赛，还要了解海浪的状况。

2．数一数你要经过多少个浮标，确认要在哪一边经过。检查入水和上岸区域的等深线，确认你能走和"潜游"多远，在哪里可以开始游泳。

3．如果比赛允许穿潜水服，就穿上潜水服。穿上潜水服后，你的速度可以毫不费力地提升5%。

## 比赛中

1．公开水域比赛的起点通常挤了一群人（真让人不解）。待在一边，即使这样会距离第一个浮标更远。你要远离中间集团，那里经常会发生的手脚碰撞会破坏你的节奏，碰掉你的泳镜，有时甚至会让你受伤。

2．寻找一位游得稍快的选手，跟随他。跟随会让你游得更快且不费更多力气，更不用说让你更少抬头寻找方向这项好处了。你可以把脸埋在水里，跟着大部队就行。这完全可行，只要你跟随的那位选手知道方向。

3．你或许需要调整划水去适应海里游泳。不要担心。习惯泳池的泳者会发现海浪会破坏节奏，但不要抗拒。感受浪涌，和它们一起摆动。抬高肘部也可以应对起伏的水体。此外，人体在盐水中浮力更大，所以可以放松踢腿，集中精力进行前象限游以提升速度，同时加快臀部摆动节奏，获取更多动力。

4．如果是铁人三项游泳，注意不要在最后时间冲刺。保持速度，让心率放慢，为接下来的骑车和跑步节省体力。即将靠岸的时候，游到手可以接触到水底时再站起来，高抬腿奔向岸边。

# 后　记

## 专心游泳能丰富你的生活吗?

我的任务到这里就差不多完成了。希望本书能成为实用且具有启发性的指南，帮助你游得更好、更巧妙，最重要的是更享受每一趟游泳。但是在你进入泳池之前，我还想再和你聊聊，这次不是讨论如何掌握更流畅的划水，而是分享我从游泳这项具有技巧性与流动性的运动中学到的其他东西。

2002年6月，我完成了赛程为28.5英里的曼哈顿岛马拉松游泳赛（Manhattan Island Marathon Swim，MIMS）。我参加比赛的目的有两个，一是2001年我迈入了50岁大关，想要来一场年轻时不敢挑战的比赛。第二个原因是全浸式资深教练唐·沃尔什（Don Walsh）分别在50岁和52岁时两次完成环曼哈顿岛比赛。唐第一次得知MIMS这项比赛的时候，有人建议他在连续几个月的时间里，每周训练20小时或者游60000码。但在工作和家庭的双重压力下，他不可能进行这种强度的训练，所以唐决定变身为更高效的泳者，证明自己可以通过适度的训练就能成功地完成马拉松游泳赛。

唐在第一次马拉松比赛前参加了全浸式训练班，接着通过轻松的练习提升了自己的效率，每周练习码数达 25000 码。比赛那天，唐非常享受全程 9 个小时的比赛。如他所述："比赛结束的时候，其他人都很痛苦。但是，我感觉**很棒**！就算工作人员说'唐，你少游了一趟！'我也能马上回身去完成。"

唐的秘诀正是高效，而不是超凡的体能。全浸式游泳法，让他能够轻松地每分钟划水 50 下，而且和划水更快的选手并驾齐驱。把每分钟 50 次划水乘上 9 小时的时间，你会发现唐环游曼哈顿岛总计划水 27000 下。这看上去是个很大的数字，但是你要知道，其他人每分钟划水次数在 72～80 之间，总数达到了 41000 次。事实上唐节省了 14000 次划水，这意味着他可以再绕着曼哈顿岛游半圈。

我想和唐一样训练，而且还要用更少的划水数完成这个环游比赛。2002 年 6 月 23 日，我用时 8 小时 53 分游完 28.5 英里，平均每分钟划水 49 次，总划水数为 26000 次，比我的对手少了至少 11000 次。像唐一样，我非常享受比赛的过程，甚至在比赛结束后的 1 小时内，我就决定要再次参赛。不仅如此，我在备战比赛时的收获和参赛经历一样有价值。

我还想补充一点，在准备 MIMS 的过程中，我们没有感到无聊或乏味。在这 4 个月的时间里，我游泳的量是平常的 2 倍，却自始至终都享受其中。其他 MIMS 泳者得知我自己训练的时候（我会和一位朋友一起练习一个阶段，和成人游泳队进行 3 段练习，但是剩下超过 100 个小时的时间是独自训练），他们都觉得我疯了。但是我确实享受其中，而且每一次划水都认真投入。

享受的心态对于保持理智至关重要，因为无聊会导致精力分散和效率下降。我需要**全神贯注**地投入训练过程里近 150000 次划水的每一个动作中，保证每一个动作都能让流畅和高效成为一种足够牢固的习惯，这样才能安全度过9小时不间断的游泳。我为MIMS进行的训练，最终并不是追求游完28英里的距离。它具有更长远的价值，那就是让我熟练掌握了流畅划水的技巧。我们先来看看掌握这种技巧的方法。

# 每个人都能成为大师

2003年，我观看了杰夫·马鲁道（Geoff Muldaur），这位在乐坛活跃四十多年的民间布鲁斯乐手的表演。坐在狭小的演出空间里，距离杰夫只有30英尺，我完全沉浸在他浑然天成的吉他演奏中。杰夫看上去完全放松，甚至有些心不在焉，然而他的手指却不停地巧妙地拨动着琴弦，演奏着我从未听过的极具感受力的乐音。

歌曲之间的念白，他也没有停止拨动吉他，一只手极其放松地演奏着。我跟我的妻子爱丽丝说："我感觉我们在欣赏一位艺术家与乐器融为一体的表演。"在中间的休息时，我在室外露台透过百叶窗看到杰夫在室内休息，即便在室内踱步的时候他依然在演奏。我知道自己很幸运地领略到了真正的大师风采。

在观赏真正高水平的表演时，不管是杰夫演奏音乐，还是奥运冠军在泳池中前行，我们都理所当然地认为眼前所见是一种天生的才华。实际上，**任何**追求个人突破的人，不管起点多低，都能体会到技巧的回报。

掌握技巧是一个很有魅力的过程，一些起初很困难或让人沮丧的事物之后会变得相当容易且令人愉悦。可能没有比游泳更好的去感受这个过程的途径了，因为这并不是人类天生擅长的运动。尽管人类没有游泳的DNA，但是学习基因能让我们不知疲倦地从生学到死。

掌握游泳并不仅仅意味着要在1分钟内游完100码，也不仅是实现高效的划水。像我备战马拉松的训练一样，这是抛去心烦意乱和百无聊赖的身心合一的过程，是耐心、专注甚至是充满爱意的练习。这种练习能让你学会如何在其他运动或突发状况中游刃有余。

成为大师的基本原则是坚持投入训练，而不是追求更快、更轻松的结果。在这个过程中不断提出适度的期望，每次实现一点或突破一点，享受它，然后接着练习，我相信一定会有更高的目标等着你实现。

## 练习的实质性回报

对于掌握任何有挑战性的技能，一个关键的认知是，在每一个令人兴奋却转瞬即逝的进步之后，必然是一段高度略有提升但会持续很久的停滞期。真正的大师会学着"热爱这个停滞期"，继续积极地练习，尽管表面上看来他们正停滞不前。你很可能会把这些偶然的突飞猛进误认为是唯一的进步，其实在更深的细胞层面上来说，学习和适应一直在进行，你一直在让自己的身体完成需要精神高度集中的任务。

真正的大师会**为了获得练习本身的回报**而坚持。他们不会因为看似毫无进展的过程而感到沮丧，每天的固定练习同偶然而至的突破一样令人愉悦。游泳练习像禅修一样，有助于摒除内心的琐事和纷扰，让你的心境平静从容。

每次进入泳池，我都能感受到幸福的喜悦，因为我**总是**可以做想做的事。我一年中可能只会有一两次的触电瞬间，但是这些时刻之间的"例行公事"似的活动也能让我感到满足，因为我觉得没有比磨炼技巧更能让人回归自我的事了。从全浸式游泳练习中获得的喜悦把我带向其他运动，比如赛艇、瑜伽、越野滑雪等。这些运动也会通过集中精神的练习让我获得熟悉的不断的进步。所有这些运动都会让我充满信心，使我相信即便在50岁的时候，我也能像专业运动员一样稳步提升。

## 充实的经历

本书第六章到第八章中描述的全浸式游泳练习示例，与艰难的传统体能训练截然不同。全浸式教练更喜欢用"技能练习"这个词，而不是"体能训练"，因为前者显示了一个深刻的观点。对于很多全浸式泳者来说，**练习**不仅是**做**些什么，还包括全身心的投入，让练习成为生命的一部分。你进行游泳技巧练习不仅是为了游得更快，还希望由此获得内在的愉悦感。

面对从简单技能到进阶技能、从游泳到游得**更快**这一过程，一些泳者会缺乏耐心。而唐·沃尔什这样的多年来一直在进行技巧练习的真正的全浸式大师，已经学会感受基础动作中的微妙且无尽的可能性。

有时，唐会连着进行30分钟甚至更长时间的重复性单一技巧练习，比如希望学会一个无可挑剔的体形。这样不间断的冥想式的重复极大地拓展了他的认知。起初，只是一个几乎不被察觉的动作变化，就能带来深远且深刻的影响，其间包含着各种细微的调整。唐通过这样的练习获得了丰富的经历。这种新鲜感——新的观点及对"旧"技巧和动作的新看法，永远不会让你无聊和失去耐心。

## 掌握技巧的 3 种工具

如我之前所说，掌握技巧的回报不仅属于那些有特殊才能的天才运动员。像大师一样进行练习，会让你的表现更出色，给你带来更深层次的满足感。如下是掌握技巧所需的3个工具。

## 知识力量

花费宝贵的时间全身心地投入练习的时候，你要给予这条道路足够的信心，这一点很关键。如果你信任我，这本书就是你的定心丸，相信身体的反馈已经说明了这一点。这本书的大部分读者都是自学游泳的人，一位全身心投入且具备知识的学员，远比被一位糟糕的教练指导的学生好。即便你已经有一个教练，获得最终的成功还是要靠你自己的努力而不是依赖教练。

视频也是指导信息的来源。如果一张图相当于1000字，那么一张动图就相当于10000字。不过反馈信息对学习的影响难以估量，你**可以**在没有教练的情况下和练习伙伴一起创造反馈信息。

## 结伴系统

你可以通过独自练习让技艺精湛，但是在此过程中如果有伙伴同行则会大有帮助：经历同样的学习过程的人，可以相互分享观点和看法，有一样练习目标的人可以互相交流心得，且对你的成功感兴趣的人会给你鼓励。最棒的是找一个练习伙伴，和他们分享你的热情，请他们和你一起进入泳池。如果你能教会伙伴一些内容，会使你对所学内容有更好的理解，同时他们也能更好地回馈你。

## 完美不是目的

奥根·海立格尔（Eugen Herrigel）在《箭术与禅心》（*Zen in the Art of Archery*）一书中写道，弓箭手进行训练不只是为了射中靶心，更重要的是提升他们的自我认知。同样，技艺练习也不是追求完美，而是实现自我认知——包括自己的缺点和局限。只要你有人类基因，就永远无法完成完美的游泳，而积极的一面是你会一直有所期待。更进一步地说，有时感觉笨手笨脚或者无能为力也**很重要**，此时一笑置之即可。一位技艺学习者的衡量标准，是他们愿意承认自己的无知，只有这样才能习得新知。

通往精湛技艺的道路，会让你的生活体验更加圆满。尽管一开始的目的不过是游得更快或更有效，但你可以通过游泳获得更深刻的满足，还有可能学到更多，让你可以实现任何承诺。想要对技能有更深入的了解，可以阅读乔治·雷纳德（George Leonard）的《掌握技能：成功和长期满足的关键》（*Mastery: The Keys to Success and Long-Term Fulfillment*）一书。

## 从流畅的划水到忘我状态

1970年11月初的一个周六，我获得了一次困惑我多年的游泳体验。那是在圣约翰大学举行的一场对抗赛中，我与阿德尔菲大学的约翰·奎因（John Quinn）一起游1000码自由泳，我们既是朋友又是对手。我和约翰同在曼哈塞特游泳俱乐部，接受比尔·厄文教练的指导。夏季训练的时候，我们每天相互较劲，秋季则回到各自的大学。训练的时候，约翰总是比我快不少，同场竞技中也总是占尽优势。

那天，我并不想在赛场上遇见他。我们都在进行艰苦训练，几天来我感到肌肉酸痛而疲劳。比赛前一天，估计是艰苦训练降低了我的抵抗力，我患上了重感冒，整个晚上我都在给自己猛灌橙汁和维生素C。比赛那天早晨，热身的时候我感觉四肢无力，头重脚轻。400米混合接力赛之后，我和约翰站上了1000码自由泳中间泳道的出发台，两边是来自其他队的选手。我意识到这是这个赛季所有比赛中我们俩之间的对抗。

发令枪响后，还没游完40趟的前4趟，我就发觉自己游得和以前完全不同了。我在泳池中稍稍领先——以前我的出发总是靠后，然后只能奋起直追，而这次我游得毫不费力。在接下来的36趟中，我继续轻松向前，感觉自己好像要漂出赛场了，这种疏离感使我觉得自己好像在场外观战。我竟没感到一丝痛苦或疲劳，好像从来没有太累或太轻松。我甚至没有感觉到自己**在游泳**。然而，尽管有这种时间暂停的感觉，我依然保持着良好的控制力。冲刺的时候，我超越了场上所有人，而且比之前休息充分且精力充沛的最好成绩还快15秒，真令人吃惊。

但之后，我再也没达到过那种成绩，也没能再击败奎因。之后的每场比赛，他都轻松取胜。回到泳队休息室的时候，我不断地摇头自语："不知道**再努力些**会取得什么成绩？"那时我还不明白，我正经历一种罕见而难以捉摸的体验，可以称之为忘我状态（Flow State）；这可能是所有运动员都渴望的最丰富、最难以忘怀的经历，但是却少有人能够体会到。

现在，我对忘我状态有了足够的认知，几乎可以随心所欲地在游泳的过程中感受它。而且我明白，是这种对忘我状态的追求，而不是刻苦训练的意愿，才配得上是游出最佳状态的唯一可靠路径。你想，还有什么活动比游泳更适于训练忘我的感觉？全浸式游泳的所有内容都是在帮你实现划水的流畅性。让那种忘我状态成为你的主要目标，这样就能开始逻辑上的下一步活动。

## 使忘我状态到达意识层面

20世纪70年代，米哈里·契克森米哈赖伊（Mihaly Csikszentmihalyi）博士访问并研究了艺术家们，以及那些有"创造意义"的人之后，形成了忘我理论。他在《忘我：最佳体验的心理学》（*Flow: The Psychology of*

*Optimal Experience*）一书中阐明了这个全新观点，描述了超脱自身创造的一种狂喜状态。对杰夫·马鲁道（Geoff Muldaur）来说，忘我就是完全沉浸在音乐中以至于忘记周围的空间和观众，甚至忘记自己的双手和乐器的一种状态——至少在我看来是这样的。

契克森米哈赖伊总结说，走出日常惯例是获得忘我感的关键，因为需要一种创造性选择。他还发现，多数沉浸在忘我状态中的人很难描述是什么让他们开心的。他将此描述为"感觉自己与所做之事融为一体，感觉自己强壮且能在此时掌控自己的命运，是一种不在意后果的愉悦感"。这就是我每次游泳的感受。

然而大部分运动员都没有这种体会，教练对此的理解也不够。而大部分有幸体验到忘我状态的运动员都是碰巧遇上的。不过全浸式泳者中有很大一部分，由他们自己所述，确实经历了忘我状态，而且一旦他们有了这种体验，重现忘我状态就变成了主要动力。游得更快不再是游泳的主要目标，它变成了达到忘我状态过程中不可避免的结果。如果掌握技巧是任何全浸式泳者的纯粹目标，那么了解了忘我状态就能有效地帮助他们实现这个目标。

**忘我有哪些要素？**

契克森米哈赖伊描述了几个忘我的关键要素，并且都与本书描述的全浸式有关：

1. 你参与了一项自认为有意义的活动。显然，如果你不看重游泳，就不会花时间来读完本书。

2. 开始活动之后，你会全身心地、聚精会神地投入其中，这不仅因为内在的好奇心，还因为不集中精神就不会成功。全神贯注是全浸式游泳的基本原则，为此我们提供了数不清的帮助和准则。

3. 你目标清晰，明确知道要做什么，还可以通过简便的方式去衡量效果。鱼式游泳的关键技能——下坡游、"**刺穿**"水面和流畅前行，都是你的确切目标，而划水次数和感知技能练习是衡量成功的标准。

4．你在任务的难度和掌握完成任务所需的技能之间取得了很好的平衡。如果任务太容易，你会感到无聊；如果太难，又会感到沮丧。按照第八章的6个课程循序渐进地练习，你就能轻松地保持良好的平衡状态。

5．在投入练习的过程中，集中精神于当下的任务，享受时间暂停的宁静，会帮助你获得一种前所未有的超脱感。这再次体现了全神贯注对游泳的价值。

6．你享受内在的动力——任何引发忘我的想法都会为你带来回报。你的游泳回报越多，就越能自如地引发忘我体验，这样你就更有动力去练习全浸式游泳——达到真正的"良性循环"。

希望你已经拥有必需的工具、观点和动机去实现游泳的精湛技艺和忘我状态。果真如此，你就能一直开心地游泳。或许这些趟数中的某一趟在某天会变成环游曼哈顿岛的旅程。

特里·拉夫林

2002年11月

于纽约州纽帕尔兹

Terry@totalimmersion.net

# 附　录

## 变得健康，像鱼一样游泳：全浸式练习组示例

一旦明白了有效的训练比无意识的游泳更有价值，你就会提出一连串问题：需要进行多少技巧练习？多少感知技能训练？多少划水次数能带来最好的结果？最佳方式是什么？

传统的"体能锻炼"结合了游泳、划水和打腿练习，以及一些让你感到疲劳却不能停下的机械训练。在全浸式练习中，每一组都有具体的不同层次的明确目标：学习关键技术、提升意识，或把捉摸不定的动作状态变成习惯，同时关注体能状况。每一趟都有特定的目标且需要全神贯注。

这里提供一系列供初学者练习参考的示范组，向你展示如何以有效且高效的训练方式学习全浸式游泳。第八章也有很多建议，全浸式游泳官方网站还有更多示范。最终，当你的身体学会了鱼式游泳，你就能深刻体会到应该把注意力放于何处，以及该做多少练习。与此同时，这些练习会让你学会自行设计练习组以集中精力，提升效率，让流畅的动作

成为习惯，同时还能保持健康。

可以根据自身的具体情况自行调整练习组，增加或减少每组的重复次数，也可增加和减少重复的距离或者休息时间。

## 基本平衡练习：每个间歇休息中做 3 个瑜伽呼吸

在这个500码的练习中，通过7项平衡技巧训练让你在水中毫不费力地达到平衡——"不再有下沉感"。这样不仅能让动作更流畅、高效，还能节省体能。先花些时间通过每个练习轻松自如地掌握每项技巧，然后再把它们融入一组练习中。

2×25码 仰面平衡

2×25码 头部引导甜蜜点

2×25码 动态平衡，见第八章第2个练习（每侧进行3个瑜伽呼吸）

2×25码 头部引导甜蜜点（左右各25码）

4×25码 滑行（接下来的3个练习都是25码的左右侧交替练习）

4×25码 水下滑行

4×25码 拉链式滑行

变化

• 在全浸式练习开始的几周里，一定要按照标准进行热身。

• 整个练习进行2～3次（即1000～1500码），集中精力培养平衡技能。

• 随着平衡感的提升，每次练习后游1～2次25或50码全程划水游，在练习中专注于平衡感（漂浮、放松且舒服）。

## 呼吸技巧组合练习：每 25 码做 3 个瑜伽呼吸进行休息 或者每 50 码做 5 个瑜伽呼吸进行休息

　　平衡－翻转训练能让你在换气的时候保持"修长"和平衡，还能巩固"转到一边"而非转动或抬起头部换气的习惯。你的主要目的就是在转身换气的时候使身体保持"修长"的针形。

　　如下练习做 1～4 轮，每轮包括 1 段练习和 1 段游泳：

　　　2×50 码或 4×25 码　　滑行＋游泳
　　　2×50 码或 4×25 码　　水下滑行＋游泳
　　　2×50 码或 4×25 码　　拉链式滑行＋游泳

　　在每组 100 码的训练中，50 码在左侧换气，50 码在右侧换气。也就是说，当你在右侧滑行的时候（右臂延伸），你就在左边换气。下一段游泳中，向左侧换气，然后在后半程换边。第二个选择是在整个进程中都用两侧换气（每 3 个划水换一次），当完成右侧的划水后，重点关注左侧换气。在所有的练习长度内，注意鼻子向上换气的时候要使身体转过甜蜜点；在所有游泳过程中，转身换气的时候一定要注意保持身体呈修长的针形。

## "顺滑"的身体姿势组合练习： 休息时做 3 到 5 个瑜伽呼吸

　　这个水下换臂的训练－游泳组合练习可以提升"刺穿"水面的感觉，同时使泳者学会将手臂划水和核心摆动的力量联系起来。

如下练习做1～4轮（4×25＋2×50＋1×100）：

4×25码：奇数趟进行25码水下换臂/偶数趟进行25码游泳（尝试两侧换气）

2×50码：25码2次水下换臂/25码游泳（前50码左侧换气，后50码右侧换气）

1×100码：25码3次水下换臂/25码游泳（尝试两侧换气）

变化

• 颠倒顺序：25码3次水下换臂/游泳，然后进行100码水下换臂/游泳。

• 随着游泳技能的提升，每100码先做25码技巧练习，然后游75码。"游泳的状态要和训练时一样好"。

# 把技巧训练融入全程划水的组合练习

随着游泳技巧的提升，增加练习中游泳的比例。技巧训练段可以增强平衡和身体流线型；游泳过程中可以利用要点把技巧融入划水。一定要遵守这一定律："游泳状态要和训练保持一致。"

按照如下顺序游3轮4×100码组合练习：

#1　25码拉链式滑行/25码游泳（2组）

#2　25码拉链式换臂/25码游泳（2组）

#3　25码两次拉链式换臂/25码游泳（2组）

#4　25码三次拉链式换臂/25码游泳（2组）

**#5～8　以50码的单位长度重复上述训练**

**#9～12　25码三次拉链式换臂/75码游泳**

### 变化

• 如果你感觉身形不标准，可以把100码分成若干25码或50码的单位距离。

• 随着划水身形的提高，做更多组25码训练和75码游泳的组合练习。

• 提升换臂训练的比例（两次或三次拉链式）以培养更好的节奏和呼吸节点。

• 在紧凑而轻松的移臂变成习惯后，替换为两次和三次水上换臂。

# 提升特定技术或意识的组合练习

把各个技能融入整个划水动作的关键是，不管是在训练还是在游泳的时候都要集中精力把一点做好。假如做25码滑行/25码游泳，训练过程中要集中精力"保持头部与身体成一条直线"，接着在游泳的时候保持头部的位置。下列是一些组合练习和要点：

| 技巧 | 游泳段的关注点 |
| --- | --- |
| 水下滑行 | 像针一样摆动呼吸；一直摆动呼吸 |
| 拉链式滑行 | "倚靠肺部"让臀腿放松，感受水的浮力 |
| 水下换臂 | 自由摆动 |
| 拉链式换臂 | "刺穿"水面，让身体穿过最小的水洞 |
| 三次水下滑行 | 游泳的时候保持"连接"，整个身体游动 |
| 三次拉链式换臂 | 轻快紧凑地换臂，手刚划开水面马上进入水中 |
| 三次水上换臂 | 用指尖切开水洞，手臂直接穿过这个水洞 |

## 变化

• 从多段训练和一段游泳的组合开始，然后慢慢地发展到更少的训练段和更多的游泳段的组合形式。

• 一个训练做200～400码，集中强化一个要点。

• 依序进行训练＋要点的练习组合，以提升你的适应性。

# 摆脱训练辅助：提升划水距离的全程划水练习组

这几组练习会让你体会到距离是如何影响划水效率的，同时让你养成批判性地检验训练规划 —— 距离、难度、休息时长 —— 的习惯，这些训练规划影响着效率永久化的进程（spl = 每趟划水次数）。

### 划水距离练习1

游25码＋50码＋75码＋100码，之后休息，进行3～5个瑜伽呼吸。

记录25码的划水数，**不要试图限制**这一数字，然后以同样的速度或努力游，看一下在其他游泳模式下你的spl平均数如何。如果25码划水15次，50码、75码、100码的划水数比30次、45次、60次多了多少次？不要妄自菲薄，记录下次数供以后参考即可。

### 划水距离练习2

游100码＋75码＋50码＋25码，每趟游完做3～5个瑜伽呼吸进行休息。

从轻松的100码开始，数划水次数，然后除以4，得到的数字就是你接下来要进行的练习组的"N"（每趟的标准划水次数）。示例：如果100码划水72次，你的N就是18 spl（通过将72除以4得到）。然后，只记录下75码、50码、25码的划水次数比54次、36次、18次少多少即可。

### 划水距离练习3

游25码＋50码＋75码＋100码。

重复练习1，这次练习有明确的目标，比如头埋进水里、滑过更小的水洞，或者是安静地游泳。仅仅记录你的划水数即可，不要尝试改变任何数字。这纯粹是一个实验，看技术"调整"对SL的影响，让你**学会**如何影响并最终自由地选择你的SL。

### 划水距离练习4

游两轮25码＋50码＋75码＋100码。

第一轮：戴拳套®游。和之前一样努力地去游，不要**试图**改变数据。看戴拳套®比不戴的情况下的spl高多少。

第二轮：脱掉拳套®。不要去考虑具体的划水数，把你的划水数和之前的spl做对比，看拳套®是如何影响你的效率的。

# 游泳高尔夫

我们将引入计时钟，但是仍旧用spl和自觉努力程度（心率）去衡量任一速度增长的"成本"。最容易提升速度的方式不是更努力，而是学会在任何速度时都保持高效，让能量带动你游得更远、更快。

### 练习版本1

连续进行50码练习，游同样的时间但是减少划水次数。示例：

32次划水＋50秒＝82分

31次划水＋50秒＝81分

30次划水＋50秒＝80分

目标是以同样的时间完成50码，同时继续减少划水次数，直到没法在不牺牲速度的前提下减少划水。这个过程会让你获得宝贵的"游泳商"。

**练习版本2**

连续进行50码练习，保持划水次数的同时减少时间。示例：

30次划水＋45秒＝75分

30次划水＋44秒＝74分

30次划水＋43秒＝73分

全浸式游泳练习示例：

为了提升得分数，你要保持同样的划水距离，但是每次划水要更快，以减少时间。你会惊讶于，增加一点力就能让划水次数瞬间增加。如果这些划水没有变成速度，且降低了你的总分，你就会知道自己是在浪费时间，需要采取紧急措施解决这个问题。

## 游泳高尔夫练习变体

• 戴拳套®"打"高尔夫。记录一下戴拳套®游与不戴拳套®游差多少分。可以在戴拳套®游几轮之后，再不戴拳套®游一轮，以此进行比较。在"手部教学"之后你的分数是否比之前不戴拳套®练习组有所提升？如果有，记住这种感觉。

• 你有几种得分方式？确定了自己的"标准杆数"之后，测试在更高的分数时划水次数有什么变化。如果记录得分是77分，能不能在维持80分的情况下让划水数分别为30次、31次、32次、33次或34次？在哪个数字的情况下感觉最轻松？

• 记录你的心率，或者在得到好分数之后，自行估计所用的力量等级。64分的心率是120，比64分心率150的情况要好得多。

# 游得更长：聪明地游向 1 英里

传统的长距离游泳训练不过是延长游泳码数，其主要作用不过是加强沉重的步伐和无效划水。而全浸式游泳会增强有效划水，逐步延长到你能控制的距离。为800米游泳作准备时，你可以从5×100码的练习开始，每次增加一组，直到赛前最后一周开始游10×100码。

1. **测一测你的效率**。不停歇地放松游10～15分钟（5～10分钟可以游半英里）。数一数100码中每25码的划水数。如果能把这个数字维持在最低划水数的10%左右，就可以游得更远了。

2. **让流畅和效率成为习惯**。不要担心一开始游得多远或多快，集中精力"游得对"。每周游2次标准组。在每次重复的间隙，做8次瑜伽呼吸进行休息。只记录划水次数，让流畅和放松成为一种习惯。如果这种感觉没了，增加休息时的瑜伽呼吸次数，或者让训练慢下来。

3. **增加距离但同时要保持效率**。在提升标准组的过程中，专注放松。每周只调整一个变量，其他变量维持不变。

**第一周**　游10×100码，每次间歇休息时段进行6～8次瑜伽呼吸。保持spl至少比初始测试低10%（如果你的平均spl是20，100码的目标是18）。不要呼吸过猛，完成每组练习时的感觉是你可以轻松地继续游。一旦你的spl或者轻松感被破坏，可以进行一次恢复练习：游50码，进行你最喜欢的训练序列。

**第二周**　休息时间减少1次瑜伽呼吸。

**第三周**　在游最后两组100码时稍微提速。

**第四周**　平均spl减少1次。

**第五周**　重复次数增加到12×100码。

**第六周**　休息时间减少1次瑜伽呼吸。

**第七周**　最后4×100码稍微提速。

**第八周**　增加重复次数到14×100码。

**第九周**　休息时间减少1次瑜伽呼吸。

**第十周**　增加重复次数到16×100码。

**第十一周**　最后6×100码稍微提速。

**第十二周**　重复次数增加到18×100码。

如果没有严格按照周训练计划来，你也不会失败。这只是一个模板，让你可以有目的性地逐渐提升在游泳距离延长过程中维持有效划水的能力，强化那些可以促进长距离游泳**最佳**表现的特质，以及在任意时间段高效游泳的能力。

**图书在版编目（CIP）数据**

　全浸式游泳 : 更好、更快、更轻松 / (美) 特里·
拉夫林, (美) 约翰·德尔夫斯著 ; 陈晓宇译. -- 上海 :
上海文化出版社, 2020.11 (2021.11重印)
　ISBN 978-7-5535-2053-7

　Ⅰ.①全… Ⅱ.①特… ②约… ③陈… Ⅲ.①游泳—
运动训练 Ⅳ.①G861.102

　中国版本图书馆CIP数据核字(2020)第131293号

TOTAL IMMERSION: The Revolutionary Way to Swim Better, Faster, and Easier
Original English Language editon Copyright ©1996,2004 by Terry Laughlin and John Delves
All Rights Reserved.
Published by arrangement with the original publisher, Fireside, a Division of Simon &
Schuster, Inc.
Simplified Chinese Translation copyright
©[year of first publication by Publisher]by GINKGO(BEIJING) BOOK CO., LTD.
本书简体中文版权归属于银杏树下（北京）图书有限责任公司
图字：09-2020-599 号

出 版 人　姜逸青
筹划出版　银杏树下
责任编辑　王茗斐　葛秋菊
编辑统筹　王　頔
特约编辑　高星远　杨晓晨
版面设计　张　月　文明娟
封面设计　墨白空间·张静涵

书　　名　全浸式游泳：更好、更快、更轻松
著　　者　［美］特里·拉夫林　［美］约翰·德尔夫斯
译　　者　陈晓宇
出　　版　上海世纪出版集团　上海文化出版社
地　　址　上海市绍兴路7号　200020
发　　行　后浪出版公司
印　　刷　嘉业印刷（天津）有限公司
开　　本　690×960　1/16
印　　张　14
版　　次　2020年11月第1版　2021年11月第2次印刷
书　　号　ISBN 978-7-5535-2053-7/G.335
定　　价　38.00元